Newton Compton Editores

Título original: *The Zodiac Guide to Leo*

© 2023, Summersdale Publishers Ltd. Published by arrangement with
Summersdale Publishers, part of Octopus Publishing Group Limited.
Via Anna Spadolini Agency.
Text by Emily Kearns.
© 2025, de la traducción por Marta Cueva Camblor
© 2025, de esta edición por Antonio Vallardi Editore S.u.r.l., Milán

Todos los derechos reservados

Primera edición: noviembre de 2025

Newton Compton Editores es un sello de Antonio Vallardi Editore S.u.r.l.
Pl. Urquinaona, 11, 3.º 1.ª izq. Barcelona, 08010 (España)
www.newtoncomptoneditores.com

Gruppo editoriale Mauri Spagnol S.p.A.
www.maurispagnol.it

ISBN: 978-84-10359-97-0
Código IBIC: WS
DL: B 11.139-2025

Composición:
Javier Sánchez Meco

Diseño de interiores:
David Pablo

Impreso en noviembre de 2025 en Puntoweb s.r.l., Ariccia (Roma), en Italia.

Astrid Carvel

Guía astrológica de Leo

Traducción de Marta Cueva Camblor

Newton Compton Editores

Barcelona, 2025

Introducción

¿Estás preparado para abrir tu mente a la sabiduría ancestral del zodiaco y explorar posibilidades ocultas? La astrología es tan extensa como el cielo de noche, una gigantesca y compleja red de estrellas, constelaciones, planetas, esferas celestes y horizontes cuyo mapa fue diseñado por nuestros antepasados durante miles de años con el fin de darle un sentido al tiempo que nosotros, los seres humanos, pasamos en este mundo.

Este libro te proporcionará los instrumentos necesarios para que explores más a fondo los comportamientos y los rasgos de personalidad que te definen y las relaciones que entablas con los demás para ayudarte a revelar posibilidades ocultas en los movimientos de los planetas. Te servirá de guía y de apoyo cuando lo necesites.

La astrología es un viaje hacia el descubrimiento de nosotros mismos en el que podemos ir sumergiéndonos lentamente o zambullirnos con decisión hasta el fondo, aprendiendo pequeñas cosas sobre los astros o adentrándonos en la complejidad que los envuelve.

A lo largo de estas páginas, encontrarás información detallada sobre la historia del zodiaco y sobre diversas tradiciones astrológicas. Entenderás cómo construir tu carta natal, su significado y lo que puedes aprender de ello.

Descubrirás el significado de lo que las posiciones planetarias intentan comunicarnos, cómo descifrar tu signo solar y lunar, tu ascendente y muchas más cosas. Observarás las casas o los segmentos de la bóveda celeste que están relacionados con distintos aspectos de tu vida y aprenderás a descodificar tus enseñanzas. En este libro se exponen los modelos que la materia celeste crea dentro de cada casa para ofrecerte el camino hacia sus significados.

Después estudiarás con detalle tu signo solar y su relación con todos los aspectos de tu vida y aprenderás a cuidar de ti mismo obteniendo el mayor provecho posible gracias a las ideas y recomendaciones relativas a tu signo del zodiaco.

¿A qué estás esperando? ¡Que comience el viaje!

Primera parte

Bienvenido al zodiaco

Este capítulo te guiará en un viaje que parte desde el origen del zodiaco, hace miles de años, hasta la actualidad y la importancia que sigue teniendo hoy en día. Para comprender a fondo tu signo solar, al que comúnmente solemos llamar signo del zodiaco o signo de nacimiento, tal vez antes quieras leer acerca de cómo la práctica de la astrología, tan extendida como hoy la conocemos, ha ido evolucionando a través de la historia y de las tradiciones.

¿Qué nos ha llevado a los seres humanos a mirar al cielo en busca de orientación desde los tiempos más remotos y por qué aún seguimos haciéndolo? Las investigaciones sugieren que la astrología es hoy en día más popular que nunca. Está experimentando una especie de renacimiento, quizá porque las innumerables incertidumbres de nuestras vidas nos impulsan a mirar hacia la oscuridad en busca de consuelo. El saber extenso de las estrellas está completamente a tu disposición. ¿Estás preparado para hacerlo tuyo?

¿Qué es la astrología?

Antes de continuar, es importante entender la diferencia entre astronomía y astrología. La **astronomía** es el estudio científico del universo, los planetas, las estrellas, los cuerpos celestes y el espacio en sí mismo. Por otra parte, la **astrología** estudia cómo la posición en que se encuentren las estrellas y los planetas en el momento en que nacemos puede influir en nuestra personalidad y afectar a nuestro modo de dirigir nuestras vidas.

La astrología es una interpretación de la posición de las estrellas y los planetas, pero también está estrechamente relacionada con el comportamiento humano y la influencia de los cuerpos celestes en él, en los estados de ánimo, las elecciones del día a día y la actitud de cada persona. Los astrólogos consideran que todas las cosas forman parte de una realidad interconectada y que comprender el antiguo simbolismo de las estrellas y de los planetas en relación con los acontecimientos de nuestras vidas es un proceso en constante evolución.

La astrología no dicta que los planetas y las estrellas tengan poder sobre nosotros o nos permitan prever el futuro, aunque sugiere que la esfera celeste es capaz de crear ciertas direcciones y situaciones que puedes aprender a usar a tu favor.

El poder de las estrellas está a tu disposición; solo necesitas un poco de práctica.

Los horóscopos que aparecen en las revistas y en los periódicos son solo la punta del iceberg. Para saber

qué cosas te mueven desde una perspectiva astrológica, basta con saber tu fecha de nacimiento. Desde
ahí puedes encontrar tu signo solar y lunar y tu ascendente, crear tu carta natal y emprender un camino de
autodescubrimiento. Pero eso lo hablaremos en los
siguientes capítulos. El mundo de la astrología es in-
menso, está abierto a todo el mundo y puede ayudarte
a comprender tus puntos débiles, tu comportamiento
y la forma en que te relacionas con los demás. También
puede ayudarte a descifrar tu pasado y abrir la mente
de cara al futuro.

El primer paso de tu camino celeste es fundamental:
es el momento de aprender qué es el zodiaco.

Historia del zodiaco

Mucho tiempo antes de que pudiéramos viajar al espacio e incluso de que los telescopios nos permitieran estudiar con detalle mundos más allá del nuestro, los seres humanos observaban el cielo nocturno para saber en qué periodo del año se encontraban y planificaban sus vidas según la posición de las estrellas. Incontables viajeros se fijaban en el cielo para decidir el camino que debían seguir y, en el paso, los marineros confiaban en la bóveda celeste y utilizaban la estrella polar como guía. En el antiguo Egipto, los campesinos sabían predecir la crecida anual del Nilo cuando la llamada «estrella del perro», Sirio, se dejaba ver en julio. Los fenicios observaban la posición del Sol en el cielo para decidir qué caminos escoger y en numerosas culturas pasadas se elaboraban calendarios lunares para llevar un registro de los acontecimientos religiosos.

Aunque el momento exacto de la historia en que se empezó a relacionar los signos del zodiaco con características y comportamientos de los seres humanos continúe siendo todo un misterio, sabemos que el zodiaco se originó como un instrumento para medir el tiempo. Los primeros astrólogos crearon el calendario de los signos del zodiaco trazando las constelaciones en una franja de cielo, dividida en doce segmentos, que cubría la Tierra y en la que se movían el Sol, la Luna y los planetas.

Cada uno de esos doce segmentos comporta un signo

del zodiaco y cada signo se representa con una conste-lación; además, el Sol tarda aproximadamente un mes en atravesar su segmento de cielo. Por eso a los signos del zodiaco también se los conoce como *signos solares*.

Aunque la creación del calendario de los signos del zodiaco que aún empleamos hoy en día se atribuya a los antiguos griegos, existen evidencias que confirman que ya en el año 1500 a. C. los babilonios habían concebido un conjunto de signos similares a los nuestros.

☾ ☀ **¿Por qué el calendario de los signos del zodiaco empieza en marzo?**

Los antiguos griegos creían que el primer día de la primavera coincidía con aquel en que el Sol entraba en la constelación de Aries, lo que marcaba el inicio del calendario. Tenía sentido que el año comenzase con los primeros brotes verdes que surgían de la tierra tras el invierno, lo cual le confería a la primavera el significado de un nuevo inicio.

¿Cómo funciona?

Existen numerosas técnicas y aplicaciones astrológicas, pero la más utilizada en Occidente es la astrología moderna o psicológica (puedes consultar el capítulo **Las distintas técnicas astrológicas**, página 31).

Lo primero que tienes que hacer es crear tu carta natal. Hoy en día se puede hacer con bastante facilidad gracias a internet, pero antes de la era tecnológica quienes pretendían buscar respuestas en las estrellas debían navegar entre un sinfín de páginas de volúmenes polvorientos para encontrar la información necesaria para crear una carta astral correcta.

Tu carta natal representa la posición en la que se encontraban las estrellas y los planetas más importantes el día de tu nacimiento. Esta carta constituye la base de cualquier horóscopo o lectura. El astrólogo, o tú mismo cuando hayas aprendido a hacerlo, compara tu carta natal con la posición de las estrellas y de los planetas en algunos momentos claves para comprender tus motivaciones. Conocer el comportamiento de los planetas te da el poder de hacer predicciones sobre el comportamiento de una persona en determinadas situaciones y en un momento concreto. Ninguna de estas predicciones puede considerarse decisiva, pero a muchas personas les tranquiliza tener cierto conocimiento de su propia psique.

Combinando los movimientos planetarios con las características de tu signo solar o zodiacal, las de tu signo lunar y las de tu ascendente (puedes consultar los capítulos **Cómo calcular tu signo lunar**, página 74, y **Cómo calcular tu ascendente**, página 78), además de tener en cuenta tu elemento (puedes consultar el capítulo **Los elementos**, página 27), podrás llegar a conocer qué cosas te llevan a tener determinados comportamientos e incluso a entender por qué algunos rasgos de tu personalidad son tan distintos a los de otras personas de tu círculo social.

Las páginas de este libro te revelarán algunos aspectos de la astrología que te permitirán obtener una visión más clara de ti mismo.

Glosario

Zodiaco: Es un fragmento de la bóveda celeste en el que se mueven el Sol, la Luna y los planetas visibles durante todo el año. El zodiaco está dividido en doce segmentos según las constelaciones que representan los signos solares: Aries, Tauro, Géminis, Cáncer, Leo, Virgo, Libra, Escorpio, Sagitario, Capricornio, Acuario y Piscis.

Signo solar: Es tu signo del zodiaco, determinado por el día de tu nacimiento. Por ejemplo, si naciste el 21 de abril, tu signo solar será Tauro.

Carta natal: Es una «fotografía» de la posición de los planetas el día de tu nacimiento.

Planetas: En astrología, los planetas se refieren a los mismos del sistema solar: Mercurio, Venus, Marte, Júpiter, Saturno, Urano, Neptuno y Plutón (aunque este último ya no venga incluido como parte del Sistema Solar en las clasificaciones más recientes). El Sol y la Luna también se consideran planetas en la astrología moderna.

Casas: Son los doce segmentos del cielo nocturno que se superponen a los signos del zodiaco. Cada una de las casas representa un área diferente de tu vida.

Elementos: A cada uno de los signos solares se le atribuye uno de los cuatro elementos: fuego, agua, aire o tierra.

Signo lunar: Tu signo lunar es el signo del zodiaco en el que se encontraba la Luna el día de tu nacimiento.

Ascendente: Tu ascendente es el signo del zodiaco que estaba surgiendo –o ascendiendo– en el horizonte oriental el día de tu nacimiento.

Retrógrado: Este término hace referencia a una ilusión óptica que hace que parezca que los planetas se mueven en sentido contrario dependiendo de su posición en el cielo nocturno respecto a la Tierra.

Punto medio: Es el punto intermedio entre dos cuerpos celestes sobre tu carta natal.

Horóscopo: Tu horóscopo es un mapa astrológico de la posición en que se encontraban el Sol, la Luna y los planetas en un momento concreto en relación con tu signo solar, lunar y ascendente. Este mapa puede ayudarte a comprender acontecimientos pasados o asesorarte de cara a sucesos futuros.

Tu signo solar

Signo solar es simplemente otra manera de llamar a tu signo del zodiaco. Año tras año, la Tierra da una vuelta completa alrededor del Sol y pasa aproximadamente un mes dentro de cada uno de los doce signos del zodiaco. El signo solar viene determinado por tu día de nacimiento: el signo por el que transitaba el Sol en ese momento es el que te corresponde astrológicamente y puede ser Aries, Tauro, Géminis, Cáncer, Leo, Virgo, Libra, Escorpio, Sagitario, Capricornio, Acuario o Piscis.

Por ejemplo, es imposible ser un Aries «puro», dado que los demás planetas tendrían que haberse encontrado en el mismo segmento de tu signo durante tu nacimiento, lo que nunca podría ocurrir debido a sus órbitas y a la distancia que existe entre ellas. Sin embargo, como el Sol se considera el cuerpo celeste más influyente del horóscopo, tu signo solar es una fuente valiosa de la que puedes aprender mucho sobre ti mismo.

Aun así, para obtener un cuadro completo, es necesario estudiar la influencia del Sol y de los otros planetas sobre tu horóscopo, dentro del cual los elementos más importantes serán el ascendente y el signo lunar. Si todavía no sabes cuáles son tus signos, aprenderás a calcularlos en las próximas páginas.

Estos elementos esenciales de tu carta natal (puedes consultar el capítulo **Ejemplo de carta natal**, página 67) te ayudarán a descubrir los secretos cósmicos de tu carácter y de tu funcionamiento interno.

Cómo determinar tu signo solar

Identificar tu signo solar es sencillo.
Busca el periodo en el que cae el día de
tu cumpleaños en la lista de abajo:

Aries	21 de marzo – 20 de abril
Tauro	21 abril – 21 de mayo
Géminis	22 de mayo – 21 de junio
Cáncer	22 de junio – 22 de julio
Leo	23 de julio – 23 de agosto
Virgo	24 de agosto – 22 de septiembre
Libra	23 de septiembre – 23 de octubre
Escorpio	24 de octubre – 22 de noviembre
Sagitario	23 de noviembre – 21 de diciembre
Capricornio	22 de diciembre – 20 de enero
Acuario	21 de enero – 18 de febrero
Piscis	19 de febrero – 20 de marzo

Los signos

Aries (21 de marzo – 20 de abril)

Símbolo: carnero
Elemento: fuego
Planeta dominante: Marte

Los nacidos bajo el signo de Aries son valientes y resueltos, pero también pueden ser algo infantiles, impacientes e impulsivos. Son resolutivos, directos y son capaces de tomar decisiones fácilmente y con claridad. Son líderes natos y, al igual que el carnero, defienden con obstinación su independencia. Les encanta ir en busca de emociones, con pura alegría de vivir.

Tauro (21 de abril – 21 de mayo)

Símbolo: toro
Elemento: tierra
Planeta dominante: Venus

Los Tauro son pacientes y fiables y están dotados de gran perseverancia. Demuestran una profunda lealtad hacia la familia y los amigos y su fuerza y su tranquila determinación son fuente de inspiración para los demás. A los Tauro no les gustan los cambios y no soportan cuando alguien les mete prisa. Anhela estabilidad y la comodidad de su hogar. En las relaciones, busca seguridad emocional; a lo mejor le lleva un poco de tiempo encontrarla, pero cuando sucede se esfuerza como nadie para mantenerla.

Géminis (22 de mayo – 21 de junio)

Símbolo: dos gemelos
Elemento: aire
Planeta dominante: Mercurio

Los nacidos bajo el signo de Géminis son personas alegres y optimistas, aunque también curiosas y racionales. Son excelentes comunicadores y son increíblemente sociables, siempre dispuestos a interactuar con cualquier persona que se encuentren. El elemento de dualidad que los caracteriza puede llevarlos a tener dos lados muy distintos en su personalidad y poseen una vena cambiante y superficial que deben esforzarse por tener bajo control. En sus relaciones, buscan vivacidad y tienen un talento único para encontrar cosas en común con todo el mundo.

Cáncer (22 de junio – 22 de julio)

Símbolo: cangrejo
Elemento: agua
Planeta dominante: Luna

Los nacidos bajo el signo de Cáncer son almas atentas, inmensamente protectoras con sus amigos y seres queridos. Tal y como el animal que los representa, el cangrejo, ocultan su sensibilidad bajo un caparazón muy duro. Como son testarudos y resueltos, puede ser difícil convencerlos de que renuncien a algo que se han propuesto. También pueden ser algo polémicos, pero en su lado más íntimo les fluye una vena de profunda bondad.

Leo (23 de julio – 23 de agosto)

Símbolo: león
Elemento: fuego
Planeta dominante: Sol

Los nacidos bajo el signo de Leo siempre están buscando atención, aunque saben llenar de energía a los que los rodean. Para ellos no existe nada mejor que tener un público que los adore y que esté orgulloso de su propia exuberancia. Destacan por su creatividad y su organización y a menudo consiguen transmitir esta segunda característica a quienes llevan una vida más bien caótica, incluso cuando nadie se lo pide. Suelen adoptar el rol dominante en sus relaciones, pero siempre traen consigo generosidad, calor y bondad.

Virgo (24 de agosto – 22 de septiembre)

Símbolo: mujer joven
Elemento: tierra
Planeta dominante: Mercurio

Los Virgo siempre están en movimiento, se esfuerzan más que los demás signos y suelen buscar la perfección. Son personas prácticas, organizadas y cuidadosas y siempre están dispuestas a brindar ayuda y consejos para ayudar a los demás. Aunque en las relaciones son amables y pacientes, los nacidos bajo el signo de Virgo pueden necesitar validación para ganar confianza en sí mismos y conseguir tener una actitud más relajada.

Libra (23 de septiembre – 23 de octubre)

Símbolo: balanza
Elemento: aire
Planeta dominante: Venus

Los nacidos bajo el signo de Libra utilizan sus habilidades diplomáticas para conseguir paz y armonía en todas las áreas de sus vidas. Cuando tienen que tomar una decisión, reflexionan durante mucho tiempo y a menudo buscan que los demás los aconsejen para orientarse mejor. Estas personas encantadoras tienden a evitar situaciones estresantes y buscar la felicidad en el equilibrio. En las relaciones son románticos y generosos, por lo que tienen expectativas muy altas en el amor.

Escorpio (24 de octubre – 22 de noviembre)

Símbolo: escorpión
Elemento: agua
Planeta dominante: Plutón

Escorpio es uno de los signos más emocionales del zodiaco y uno de sus rasgos más característicos son los celos que los nacidos bajo este signo deben esforzarse por contener. Sin embargo, combinada con una gran fuerza de voluntad, esta emoción puede llevarlos a conseguir cualquier objetivo que se propongan. Los nacidos bajo el signo de Escorpio gozan de una energía inagotable y a menudo consiguen grandes logros. Además, su profunda capacidad de pensamiento analítico los empuja a encontrar la raíz de sus problemas. En las relaciones, cuando se fijan en alguien, hacen lo posible por obtener lo que quieren y son sumamente fieles.

Sagitario (23 de noviembre – 21 de diciembre)

Símbolo: arquero
Elemento: fuego
Planeta dominante: Júpiter

Los nacidos bajo el signo de Sagitario adoran ir en busca de emociones, siempre están preparados para los desafíos y para la aventura. Su entusiasmo y optimismo pueden ser contagiosos, por lo que suelen ser muy queridos por los demás, que aprecian su compañía y sus ganas de vivir. En las relaciones detestan sentirse limitados. Su mente inquieta y su espíritu independiente los llevan a aburrirse con facilidad y suelen necesitar que sus relaciones se mantengan frescas e interesantes.

Capricornio (22 de diciembre – 20 de enero)

Símbolo: cabra
Elemento: tierra
Planeta dominante: Saturno

Los nacidos bajo el signo de Capricornio son realistas y afrontan las situaciones de manera lógica. Les gustan la calma y la constancia y se van moviendo tranquilamente hacia sus objetivos con serenidad y sin prisa. Poseen un sentido del humor único y, en sus relaciones amorosas, son personas leales y cariñosas.

Acuario (21 de enero – 18 de febrero)

Símbolo: portador de agua
Elemento: aire
Planeta dominante: Urano

Los nacidos bajo el signo de Acuario a menudo son personas excéntricas y poseen un estilo único. Son muy amigables y, a veces, incluso puede parecer que están demasiado disponibles. Cuando conocen gente nueva, sienten una auténtica curiosidad por saber sobre ellos, lo que los lleva a hacer una avalancha de preguntas sobre sus vidas mientras ocultan las propias tras un halo de misterio. Son independientes y necesitan su propio espacio, por lo que puede resultarles difícil mantener relaciones duraderas.

Piscis (19 de febrero – 20 de marzo)

Símbolo: dos peces
Elemento: agua
Planeta dominante: Neptuno

Los nacidos bajo el signo de Piscis son personas amables y dispuestas a hacer lo que sea por parecer amigables y generosas con los demás. Este bondadoso signo es el abanderado de la compasión y la comprensión y los Piscis no temen mostrar sus sentimientos, abrirse y compartir sus emociones con quienes realmente les importan. En las relaciones pueden ser excesivamente afectuosos y siempre están listos para expresar sus sentimientos.

Los elementos

Los doce signos solares están divididos en cuatro grupos, cada uno de ellos representado por un elemento. Los tradicionalistas creen que estos elementos esenciales constituyen la materia de la que está hecha el universo. Fuego, aire, agua y tierra se consideran los cuatro principios de la vida y corresponden a su vez a los cuatro principios de la psique. Conociendo el elemento de nuestro signo podremos adentrarnos aún más a fondo en las características que lo definen.

Fuego
Aries, Leo y Sagitario

Los signos de fuego son inteligentes, vivaces, artísticos y apasionados. Confían enormemente en su sentido de la independencia y no evitan expresar su opinión. Siempre llenos de optimismo, los signos de fuego son muy trabajadores y no temen la presión que pueda suponer tener un puesto de poder.

Tierra
Tauro, Virgo y Capricornio

Los signos de tierra prestan mucha atención a los detalles. Son personas prácticas y con los pies en la tierra, aunque también saben mirar hacia el futuro y empezar a construirlo con antelación. Los nacidos bajo los signos de tierra son personas sencillas y a menudo se los llama los «jardineros del zodiaco», en parte por el cuidado y la atención que dedican a su familia y amigos.

Aire
Géminis, Libra y Acuario

Los nacidos bajo los signos de aire son criaturas sociales, saben leer el ambiente de cualquier situación y entablar conversaciones interesantes. Son ingeniosos y divertidos y, al mismo tiempo, saben escuchar cuando alguien necesita de un oído amigo.

Agua
Cáncer, Escorpio y Piscis

Los signos de agua están en sintonía con sus emociones y son empáticos y considerados con los demás. Siempre están dispuestos a ofrecer su ayuda y a dar la cara cuando es necesario. Cuentan con gran imaginación y también pueden ser tranquilos y reflexivos.

El quinto elemento

Algunas fuentes occidentales creen en la existencia de un quinto elemento, conocido en latín como *quinta essentia*, es decir, quintaesencia, espíritu o «éter». A menudo se ignora este elemento, porque describe el alma o el ser espiritual del individuo y está separado del resto. A pesar de que algunas aplicaciones astrológicas tienen en cuenta el quinto elemento cuando analizan los signos, no aparece representado en el horóscopo.

Las distintas tradiciones astrológicas

A lo largo de los siglos, muchas culturas de todo el mundo han desarrollado su propia tradición y sistema astrológico. Es fascinante ver cómo surgieron y cómo difieren con el resto.

Occidental

En Occidente, el sistema astrológico más comúnmente utilizado es el que ha derivado de la antigua tradición astrológica basada en los doce signos del zodiaco. Este sistema abarca la cultura popular en la forma más común de los horóscopos de los signos solares, que se centran en el comportamiento y las motivaciones humanas, y se guía por las doce constelaciones asociadas a los doce signos.

Maya

La astrología maya se basa en un antiguo y complejo almanaque conocido por el nombre de Tzolkin, que consta de veinte signos diarios y trece números galácticos. El calendario se compone de doscientos sesenta días y suele utilizarse para sugerir acontecimientos futuros e identificar distintas características de las personas. En lugar de los elementos, el sistema astrológico maya utiliza las direcciones –Norte, Este, Sur y Oeste–, atribuyendo a cada una diversos significados y asignando a cada signo diario una dirección.

Védica

La astrología védica o *jyotisha* proviene de las antiguas tradiciones indias y es una de las formas de astrología más remotas practicadas en Oriente. Aunque los zodiacos védico y occidental sigan más o menos los doce signos, tienen fechas diferentes; por ejemplo, Aries va del 13 de abril al 14 de mayo y Tauro del 15 de mayo al 14 de junio (en vez de ser del 21 de marzo al 20 de abril para Aries y del 21 de abril al 21 de mayo para Tauro). Esto se debe a que la astrología védica se basa en las posiciones fijas y observables de las constelaciones, mientras que la astrología occidental pone el foco en el movimiento de la Tierra sobre su eje durante miles de años y se basa en la posición variante del Sol.

China

Este sistema se basa en los ciclos lunares y en el poder de los cinco elementos: madera, fuego, tierra, metal y agua. A partir de la antigua filosofía china y el concepto del yin y el yang, cada año está asociado a un animal y a un elemento.

Las distintas técnicas astrológicas

Existen numerosas prácticas astrológicas diferentes, pero las que se exponen a continuación son algunas de las más utilizadas en todo el mundo.

La astrología moderna

También conocida como *astrología psicológica*, es el tipo de astrología más popular en Occidente y la técnica que se expone en este libro. Se trata de una práctica con muchas capas de profundidad, pero en términos simples la astrología moderna estudia la posición de los planetas según tu carta natal –es decir, la «fotografía» de los planetas y de las estrellas el día de tu nacimiento– y utiliza esta información para entender tus comportamientos, personalidad y rasgos de carácter. Alan Leo fue un astrólogo británico muy aclamado que reavivó la práctica de la astrología entre finales del siglo XIX e inicios del XX tras su declive a finales del siglo XVII. Generalmente se considera a Leo, que empleaba su signo como pseudónimo, el «padre de la astrología moderna» por la manera en que contribuyó a desviar la atención de la predicción del futuro para centrarla en la exploración de los comportamientos y de la personalidad desde un punto de vista psicológico.

La astrología horaria

La técnica de la astrología horaria se basa en antiguas tradiciones helenísticas y tiene por objetivo responder a una pregunta creando un horóscopo para el momento en el que se hace. El astrólogo solo proporciona una respuesta simple, es decir, o un «sí» o un «no».

La astrología mundial

La astrología mundial estudia el efecto que tienen los planetas sobre grupos de personas, lugares o países. Esta rama de la astrología se centra en acontecimientos significativos de la historia para tratar de comprenderlos delineando la carta natal para cada momento histórico. De esa manera, es posible configurar un horóscopo para explicar cómo podrían afrontar o reaccionar las personas a situaciones determinadas.

La astrología electiva

La astrología electiva estudia el momento óptimo para hacer que suceda un acontecimiento basándose en la posición de los planetas. Un astrólogo podría, por ejemplo, aconsejarte que te cases en el momento en que Venus, el planeta del amor y de la armonía, esté alineado con la posición del planeta de tu carta natal.

La astrología de las relaciones

Esta rama de la astrología valora el grado de compatibilidad de dos personas en el amor. El astrólogo estudia las cartas astrales de cada persona para ver cuánto congeniarían. Existen dos métodos. El primero es la *sinastría*, que compara ambas cartas natales al mismo tiempo, mientras que el segundo, el *método compuesto*, mide los puntos medios de los planetas de las cartas natales de ambas personas para configurar una nueva carta para la pareja, que después se interpreta desde cero.

La astrología tradicional

Hasta el siglo XX y la introducción de la astrología moderna, la mayor parte de las ramas de la práctica venían considerándose «tradicionales». Esta forma se basa en las previsiones y utiliza solo los siete «planetas» visibles a simple vista, es decir, el Sol, la Luna, Mercurio, Venus, Marte, Júpiter y Saturno.

La astrología locativa

La astrología locativa examina la carta natal para determinar el lugar en que el sujeto debería vivir o pasar tiempo. Según la posición de ciertos planetas con respecto a los del sujeto, es posible obtener consejo sobre dónde debería vivir o pasar unas vacaciones. Si, por ejemplo, quisieras saber el destino ideal para realizar un viaje, un astrólogo podría ver la posición de Venus (que representa el placer) y de Júpiter (que representa los viajes a larga distancia) para deducir cuál sería el lugar ideal. Esta técnica también se conoce como *astrocartografía*.

La astrología médica

La astrología médica concierne a la salud de una persona, por lo que el astrólogo utiliza la carta natal de un individuo para descubrir la causa de determinadas enfermedades. Los problemas de salud, los tratamientos o el área o áreas del cuerpo en que se manifiesta malestar corresponden a posiciones específicas de los planetas.

¿Ciencia ficción?

En la actualidad, la astrología moderna está más extendida que nunca y las nuevas generaciones aplican cada vez más sus prácticas para intentar comprender mejor sus vidas. Y la tienen muy en cuenta: un sondeo realizado por la National Science Foundation en los últimos años ha revelado que más de la mitad de los *millennial* considera que la astrología es una ciencia.

¿Cómo puede ayudarte la astrología?

La astrología no sirve para predecir el futuro ni para describir tu personalidad de maneras muy concretas; lo que sí puede hacer es mostrarte el poder de algunos de tus rasgos y de determinados acontecimientos que podrían producirse. La astrología puede ayudarte a descubrir tus capacidades en calidad de ser humano y cómo sacarles el máximo provecho a los momentos más desafiantes o llenos de oportunidades. La astrología no niega el libre albedrío, ya que no estamos controlados por los planetas; en cambio, los planetas crean determinadas atmósferas y condiciones que puedes aprender a utilizar a tu favor.

Cuando logres entender por qué te comportas de determinada manera y aprendas a reconocer tus miedos y deseos, te sentirás más a gusto contigo mismo y con tu mundo. Un mejor autoconocimiento te hará tener una mayor consciencia de tus acciones y sus motivaciones.

**LA ASTROLOGÍA
ES UN LENGUAJE.
SI LO APRENDES,
EL CIELO TE HABLARÁ.**

DANE RUDHYAR

Segunda parte

Te presento a Leo

Si has nacido bajo el quinto signo del zodiaco, Leo, te encanta ser el centro de atención. Adoras ser el protagonista, tanto en tu vida privada como en tu carrera, y, cuando quieres conseguir algo, vas a por ello con determinación. Posees un gran corazón, eres amable y generoso y tienes la personalidad más radiante de todo el zodiaco. Tienes mucho que dar –amor, tiempo, consejos, dinero– y eres un amigo fiel de principio a fin. A veces, el deseo de tenerlo todo bajo control puede ser agotador, pero si logras mantener a raya este instinto las cosas te irán mucho mejor.

En las siguientes páginas abordaremos las cosas que más te motivan en todos los ámbitos de tu vida, desde la carrera profesional y la economía, el amor y las relaciones con amigos y familiares hasta la salud y el bienestar. También veremos con qué signos eres compatible, descubriremos qué significados esconden para ti los planetas y aprenderemos qué cosas pueden ser un obstáculo para ti y cuáles son, en cambio, tus puntos fuertes.

Ficha de Leo

Fecha: 23 de julio – 23 de agosto

Representación: león

Símbolo: ♌

Rasgos de carácter: sociable, atractivo
y creativo

Parte del cuerpo: corazón

Elemento: fuego

Planeta dominante: Sol

Color: naranja

Piedra natal: rubí (julio)
peridoto (agosto)

Cristales asociados: ojo de tigre, cuarzo rosa,
granate

Chakra: corona

Curiosidades

- Leo es el quinto signo del zodiaco; va precedido de Cáncer y seguido de Virgo. Es el segundo signo de fuego, junto a Aries y Sagitario.

- En el mundo occidental se cree que la constelación de este signo está representada por el león de Nemea, uno de los doce trabajos de Hércules.

- La constelación de Leo se descubrió muy pronto: los pueblos de la antigua Mesopotamia ya habían asegurado haber visto un león en las estrellas.

- La constelación de Leo es muy fácil de ver si se parte del Gran Carro (Osa Mayor): la línea imaginaria que se extiende hacia el sur desde las dos estrellas más cercanas al mango de su forma de cazo indica la posición de Regulus, una de las estrellas más luminosas de Leo.

- Otra de las estrellas más brillantes de la constelación de Leo es Algieba, que se encuentra en el cuello del león. De las tres estrellas que forman el lomo del león, la última y más brillante es Denebola, que significa 'cola del león'.

- La constelación de Leo se encuentra con la de Cáncer al oeste y con la de Virgo al este y es visible en el hemisferio boreal desde el equinoccio de primavera hasta mayo.

Historia de Leo

En la mitología griega, Leo estaba relacionado con el mito de los doce trabajos de Hércules. Estas arduas tareas, que le fueron asignadas al héroe como penitencia por haber matado a su mujer y a sus hijos en un ataque de locura provocado por la diosa Hera, le obligaron a enfrentarse a numerosas situaciones peligrosas y a bestias feroces, como el toro de Creta, la hidra de Lerna y el león de Nemea.

En la primera tarea, Hércules tuvo que enfrentarse a esta última bestia, que desde hacía mucho tiempo aterrorizaba a los habitantes de Nemea. Según algunas historias, este león era hijo de Zeus y Selene e iba rugiendo por las calles de la ciudad, atacando a las personas que vivieran dentro de sus murallas. Su piel era tan dura que no podía ser atravesada y sus dientes y garras eran tan fuertes como el hierro.

Al principio, Hércules intentó matarlo lanzándole flechas, que rebotaron en su impenetrable piel. Aun así, no se rindió y siguió su lucha contra el animal, llegando hasta a perder un dedo en la batalla. Finalmente, consiguió aturdirlo asestándole un golpe en la cabeza con su maza. Aprovechando el estado de confusión de la bestia, Hércules le estranguló hasta que dejó de respirar y Zeus decidió otorgarle la inmortalidad al animal situándolo en la bóveda celeste, donde se convirtió en la constelación de Leo.

¿Qué dicen los planetas sobre Leo?

Uno de los aspectos más interesantes de la astrología es poder saber lo que nos dicen los planetas cuando pasan por tu signo solar en el zodiaco. Puedes encontrar previsiones sobre los tránsitos planetarios en varias páginas web, como esta: astrosage.com/transits (en inglés). Nota: como son planetas exteriores, Urano, Neptuno y Plutón se mueven mucho más lento ¡y tardan cientos de años en pasar por los doce signos del zodiaco! Por eso, los datos que te pueden dar son mucho más vagos y menos personales que los de otros planetas.

El Sol: Objetivo. Te encanta sentir la admiración de los demás y ser siempre el centro de atención. La perseverancia con la que persigues tus objetivos te lleva a asumir muchas veces puestos de liderazgo.

La Luna: Instinto. Tienes un talento creativo evidente y deberías sacarle aún más provecho. También te encanta ayudar a impulsar los talentos de los demás.

Mercurio: Comunicación. Eres capaz de atraer la atención de la gente con tu elocuencia clara y coherente y tu capacidad para cautivar a las personas que te escuchan.

Venus: Amor. Tu pasión por el lujo se refleja en tus elecciones de moda. Te aseguras de que las personas que te rodean sepan cuánto las quieres.

Marte: Acción. Eres un líder nato en los deportes y, sea cual sea la disciplina, siempre quieres capitanear el equipo.

Júpiter: Oportunidad. La confianza que tienes en ti mismo va de la mano con tu deseo de lucirte, pero recuerda mantener a raya cualquier ápice de arrogancia que quiera apoderarse de ti.

Saturno: Autoridad. No te asustes cuando tengas que subirte a un escenario. Con la concentración adecuada, verás que todo saldrá bien.

Urano: Cambio. Urano representa los cambios improvisados, la innovación y el progreso de la ciencia y de la tecnología.

Neptuno: Imaginación. Neptuno refleja intuición, estilo y belleza. Nos impulsa a hacernos preguntas importantes cuando nos encontramos en busca de nuevos caminos de vida.

Plutón: Poder. Plutón nos enseña a considerar una visión más general, sin preocuparnos por las cosas pequeñas. Debido a la exagerada lentitud con la que orbita, puede llevarle de doce a treinta años atravesar un signo y tardar hasta doscientos cuarenta y ocho años en recorrer todo el zodiaco. Por eso, Plutón suele aparecer en las cartas natales de generaciones enteras, motivo por el que se lo conoce como «el planeta generacional».

(2060) Quirón

Algunas ramas de la astrología también tienen en cuenta el movimiento de (2060) Quirón, un planeta menor del sistema solar exterior cuya órbita se encuentra entre Saturno y Urano. Este planeta, descubierto en 1977, nos habla de la autoestima, una cualidad que promueve la sanación de heridas mientras buscas tu propia independencia dentro de la situación que te esté tocando vivir.

Características y rasgos de personalidad de Leo

Eres el signo más organizado y meticuloso del zodiaco. Te gusta saber que en tu casa cada cosa tiene su lugar: disfrutas teniéndolo todo en orden. Sientes debilidad por los separadores de cajones y las cajas. Cuando quieres buscar algún documento importante en un momento dado, sabes dónde encontrarlo.

También eres un poco gurú para los demás y te gusta enseñarles a cómo ser superorganizados en la vida. Es parte de tu naturaleza entusiasta y generosa, que habla por sí sola. Sin embargo, trata de no ser demasiado insistente: siempre crees saber lo que más le conviene a la gente, pero tal vez a ellos les guste tener la casa desordenada tal y como la tienen.

Esta necesidad de control puede causarte problemas, así que recuerda dar un paso atrás de vez en cuando para evaluar si te estás excediendo. ¿De verdad tu prioridad ahora mismo es ordenar por colores el cajón de los calcetines? Probablemente haya cosas más importantes en las que centrar tu atención.

Eres una persona cálida y amable que ama la vida y que tiene un carácter radiante. Te gusta divertirte y dices que sí prácticamente a todo, escogiendo llenar los momentos de tu tiempo libre con algo significativo. Tienes una buena red de amigos y siempre encuentras a alguien a quien llamar cuando te apetece socializar.

Puntos fuertes y retos
de Leo

Puntos fuertes

Eres sociable, amigable y amable. Sabes cómo comunicarte con los demás y consigues hacer que los desconocidos se sientan cómodos.

Tienes un gran corazón y te desvives por ayudar a la gente, tendiéndoles la mano incluso a las personas que están fuera de tu red. Sabes cuándo merece la pena luchar por una causa y te encanta prestar tu apoyo.

En calidad de amigo, eres leal y protector y harías lo que fuera por las personas a las que quieres.

Retos

Tu pasión por organizarles la vida a los demás puede derivar en comportamientos controladores. Recula un poco cuando la situación se vuelva demasiado tensa y piensa en cómo podría sentirse la gente de tu alrededor.

Aunque te guste ser protagonista, a veces te obsesionas demasiado queriendo llamar la atención. Si te das cuenta de que tus comportamientos van hacia esta dirección, intenta contenerte.

Intenta darte un respiro de tu personalidad dramática, tomándote alguna pausa para considerar tus reacciones y evaluar la situación antes de perder los nervios.

Intereses, preferencias
y manías de Leo

Intereses

Los pasatiempos que más te gustan son los que te permiten sacar a relucir tu creatividad. Te gustan las actividades que te hacen sentir productivo y te dan un resultado concreto tras un duro trabajo, como, por ejemplo, la jardinería, el bricolaje creativo, la costura, el punto y el ganchillo.

Como actividades físicas, podrían gustarte el baile y el patinaje sobre hielo, además de la gimnasia y las artes marciales, como el *taekwondo* y el taichí, disciplinas elegantes que requieren tanto concentración como fuerza.

Preferencias

Te encanta ser el centro de atención. Te sale de forma natural adquirir un papel protagonista y a veces no eres capaz de imaginar cómo sería de otra manera. Sin embargo, es importante que aprendas a compartir esta atención con los demás, especialmente con los miembros de tu familia y tus amistades más cercanas.

Eres una criatura social y prefieres mil veces pasar una tarde fuera de casa que en el sofá de tu casa con tu gato. Dado que eres una persona que le suele decir «sí» a todo, podrías terminar teniendo tu agenda repleta de fiestas, quedadas con amigos, aficiones y actividades. Recuerda respirar y tomarte un descanso de vez en cuando para evitar agotarte.

Manías

Detestas los silencios incómodos y llenas casi cualquier momento de calma con conversaciones y cháchara. No tengas miedo de concederte un momento de reflexión y disfrutar de una pausa del ruido.

Como te encanta tener el control, cuando lo pierdes tiendes a reaccionar de mala manera. Intenta parar a reflexionar un poco o escribe tus pensamientos en un diario y verás cómo lo recuperas enseguida.

Estilo de comunicación
de Leo

Eres la típica persona que se pone a hablar con los desconocidos en la parada del autobús. Tu signo de fuego se refleja en tu personalidad cálida y generosa, haces amigos con facilidad y tienes unos modales que hacen que la gente se sienta a gusto. Eres el amigo al que todo el mundo invita a todo, porque la gente sabe que te llevarás bien prácticamente con cualquier persona. El desparpajo que tienes y tu disposición a la hora de hablar son tus mejores habilidades sociales.

En las fiestas y los eventos útiles para crear contactos te sientes perfectamente en tu salsa: siempre sabes qué decir para rellenar cualquier silencio incómodo y sabes sacarle el lado positivo a todo para crear una conversación agradable. No solo eres hablador y simpático, sino que también tienes un gran sentido del humor. La gente suele encontrarte simpático y todo el mundo quiere sentarse a tu lado en el bar o a la hora de cenar. Sabes animar un grupo y aligerar el ambiente sin problemas.

Tu brújula moral siempre apunta en la dirección correcta y no temes hablar cuando sientes que estás ante una injusticia. Eres un león leal que lucha por sus amigos y los defenderá de principio a fin. Esta actitud también se extiende a cuestiones más amplias: tu corazón de Leo late por los derechos de los demás y eres el portavoz de los que te necesitan.

Compatibilidad de Leo
con otros signos

Recuerda que estas observaciones son orientativas y tienen sus excepciones: el zodiaco sigue sus propios caminos misteriosos, por lo que, aunque tu signo pueda ser aparentemente incompatible con el de un ser querido, no significa que debas terminar con esa amistad o que no pueda ir a más. Como siempre, el zodiaco no es más que una guía.

Aries: Estos dos signos de fuego aportan energía y diversión a su relación, pero también pueden llegar a establecer una gran conexión en el plano emocional.

Tauro: Tanto Leo como Tauro son muy fieles y confiables, pero también pueden ser sumamente testarudos, lo que los puede llevar a choques si no tienen cuidado.

Géminis: A Géminis le encanta la diversión garantizada por Leo y a Leo le encanta los infinitos cumplidos que le hace Géminis.

Cáncer: Estos dos signos tienen personalidades bastante diferentes, pero comparten un don para las actividades creativas y el amor por la familia.

Leo: Dos personas nacidas bajo este signo pueden querer disputarse el papel protagonista, pero también pueden formar una pareja caracterizada por una fidelidad mutua y unos valores similares.

Virgo: Aunque estos dos signos sean bastante distintos entre sí, su química en la cama puede mantener viva la relación.

Libra: Pueden ser mejores amigos o una pareja de lo más romántica. Tanto Leo como Libra son propensos al melodrama, lo que en dosis dobles puede ser demasiado intenso.

Escorpio: Una relación muy tensa. Escorpio no tiene paciencia para el inconstante y caprichoso Leo, pero ambos aportan pasión a la relación.

Sagitario: Estos dos signos alimentan el fuego del otro. Leo aporta romanticismo, mientras que Sagitario incita a la aventura.

Capricornio: La calidez de Leo y la frialdad de Capricornio pueden llevarlos a tener un gran equilibrio o una relación más bien tibia.

Acuario: Estos dos signos dotados de una enorme fuerza de voluntad pueden llegar a chocar cuando ninguno de los dos quiere cambiar su postura, pero su gran creatividad puede llevarlos a tener una relación interesante.

Piscis: Ambos aportan a la relación sensibilidad y empatía, se escuchan y saben darse placer bajo las sábanas.

Relaciones, amistades
y familia para Leo

Si has nacido bajo el signo de Leo, tienes mucho amor que dar y te esfuerzas por hacer que las personas que te importan se sientan importantes. Sientes interés por conocer a las personas. A veces se te olvida que no todo el mundo piensa de la misma forma que tú y que es importante saber reconocer las diferencias de los demás. No des por sentado que la gente quiere hacer las cosas igual que tú: escucha, sé comprensivo y mantén la mente abierta y entablarás amistades para toda la vida.

Te encanta invitar a tus amigos a casa. Eres un anfitrión simpático, generoso tanto con la comida y la bebida como con el tiempo que dedicas a tus huéspedes.

Tu necesidad de tener el control puede llevarte a querer dirigir las actividades del grupo cuando tus amigos o tu familia pasáis tiempo juntos. Ten cuidado de no volverte autoritario y estate dispuesto a escuchar las ideas de los demás. Tu manera de hacer las cosas no siempre es la mejor.

En calidad de padre o madre, se te da muy bien fomentar intereses en tus hijos y ayudarlos a sacar su máximo potencial. Eres cariñoso y atento y deseas cultivar su entusiasmo proponiéndoles una variedad de pasatiempos. Sin embargo, debes procurar reconocer cuáles son sus verdaderas pasiones, sin imponerles tu personalidad.

El amor y el sexo
en Leo

Si has nacido bajo el signo de Leo, eres generoso en tus relaciones, ya sea con tiempo, dinero, detalles o en la cama. Sin embargo, tu carácter controlador puede llegar a asfixiar a tu pareja si no aprendes a mantenerlo a raya, así que esfuérzate por hacer que así sea. Dale algo de independencia y deja que tome sus propias decisiones, porque todo el mundo necesita un poco de espacio. Esto es sumamente importante para la salud de la relación.

Tienes mucho cariño para dar y tu carácter alegre puede influir en tu pareja y establecer un vínculo positivo. No obstante, en asuntos de amor eres sensible y puedes sentirte herido con facilidad. Por este motivo, puede que tardes en decidirte a comprometerte y te des el tiempo que necesites para asegurarte de que vas a tomar la decisión correcta.

Puedes llegar a ser bastante posesivo con la otra persona, lo que podría dar paso a los celos. En estos casos, presta atención a tu comportamiento y recuerda que estas cosas pueden llegar a hartar a la otra persona. Tómate el tiempo necesario para hablar con tu pareja y explicarle cómo te sientes. Ser transparente con respecto al efecto que determinadas situaciones pueden causar en ti le ayudará a entenderte mejor y a tenerte más en cuenta en el futuro.

**SIN LA ASTROLOGÍA,
SE PODRÍA DECIR
QUE EL HOMBRE CAMINA
EN EL CREPÚSCULO DE
LA IGNORANCIA.**

LUKE DENNIS BROUGHTON

El trabajo y el éxito
en Leo

De acuerdo con tu signo, Leo, te encanta ser el centro de atención en tu vida laboral y es posible que decidas optar por carreras que te pongan a cargo de muchas personas. Tal vez también busques cierta implicación emocional en el trabajo, encontrando, por ejemplo, tu lugar en un aula, en una sala de audiencias, a cargo de una empresa, en un quirófano o literalmente en un escenario, como actor.

Eres una persona creativa y tienes un talento natural para las ideas originales y la innovación. Podrías intentar orientar esa creatividad emprendiendo tu propio negocio o siguiendo un camino que te lleve a crear o a cuidar algo con tus propias manos, como textiles, materias primas o plantas, o quizás enfocarte en el diseño de interiores o en la ilustración. Otras profesiones en las que podrías encajar son las que tienen alguna relación con el lujo y la ostentación, tal vez en el mundo de la moda o en el mercado de artículos exclusivos.

Tu naturaleza generosa también aflora en el trabajo: sueles estar dispuesto a renunciar a tu tiempo libre para ayudar a los demás a que alcancen el éxito como su mentor y brindándoles consejos siempre que lo necesiten.

El dinero y la riqueza
en Leo

Si has nacido bajo este signo, posees ambición a raudales, lo que suele garantizarte el éxito financiero. Sea cual sea el campo que elijas, siempre aspiras a lo más alto y, si tu campo de especialización es rentable, es probable que goces de un cierto bienestar económico.

Aun sí, te encantan las cosas buenas de la vida y prefieres gastar en lujos antes que conformarte sin ellos. Esto puede hacerte despilfarrar el dinero al mismo ritmo que lo ganas y te cuesta ahorrar de cara a tiempos difíciles.

Además, tienes un carácter impulsivo que puede ser maravilloso a la hora de decir «sí» a nuevas experiencias y a vivir la vida al máximo, aunque tu amor por el lujo puede llevarte a gastar de más en artículos que no necesitas sin pararte a reflexionar. Si a esto le añadimos que tu generosidad se extiende al dinero y a los bienes que das a los demás –por ejemplo, ayudando a un amigo que lo necesita y que tiene menos que tú–, es probable que tu sueldo mensual se reduzca considerablemente.

Salud y bienestar
en Leo

Tu vida ajetreada y tu necesidad constante de ser el centro de atención pueden llevarte a subestimar tus límites y a no darte las pausas que necesitas para descansar. Es importante que sepas desconectar y cuidar de ti mismo de vez en cuando, incluso cuando creas que no lo necesitas. Incluir algunas clases de yoga en tu día a día puede hacer maravillas en tu mente y en tu cuerpo, activándolos y dándote tiempo y espacio para respirar. Si consigues organizarte, entre cinco y diez minutos al día de meditación guiada te vendrán genial.

Además, realizar ejercicio de manera regular al aire libre también puede ser un buen remedio para ti y tus niveles de estrés. Abraza todas las actividades que le hacen bien a tu alma: sal a la naturaleza y date una vuelta por el campo o la montaña. También puedes probar a darte «baños de bosque», una forma de terapia natural que se originó en Japón y que consiste en caminar o estar en la naturaleza para establecer una conexión consciente con el entorno. Esta práctica garantiza numerosos beneficios para nuestra salud física y mental.

Otra manera de sacarle provecho a la naturaleza es nadar en aguas abiertas o frías. Ya son muchos los apasionados a los baños en ambientes naturales que afirman sentirse recargados de energía para todo el día después de un baño en un entorno natural y desde siempre se piensa que las inmersiones en agua fría son excelentes para nuestro físico.

Tercera parte

Tu horóscopo y tú

Ahora ya puedes empezar a poner en práctica los nuevos conocimientos que tienes sobre ti mismo: es el momento de crear tu carta natal. A lo largo de las siguientes páginas aprenderás a configurarla y, sobre todo, a interpretarla. A primera vista puede parecer algo complejo, pero no te preocupes, porque este capítulo contiene toda la información e indicaciones necesarias para saber cómo hacerlo. Te va a guiar paso a paso. Desde tu ascendente hasta tu signo lunar, pasando por significados ocultos de los planetas y las casas, estás a punto de descubrir los misterios del cielo estrellado.

La astrología para la adivinación y como guía

Configurando tu carta natal para descubrir las posiciones de los planetas y de los signos del zodiaco y en qué casas astrológicas se encontraban en el momento de tu nacimiento, puedes llegar a obtener un profundo conocimiento sobre ti mismo. Gracias a esta visión general, vas a poder comprender aún más a fondo tus motivaciones y las razones detrás de tus comportamientos. También vas a poder visualizar un cuadro más claro de la persona que podrías llegar a ser en el futuro, qué cosas te esperan y cómo podrías sacarle el máximo partido.

Tanto si te sientes incomprendido como si necesitas un poco más de claridad, la bóveda celeste sabrá servirte de apoyo. Si tienes decisiones importantes que tomar en el horizonte, puedes recurrir a la astrología para encontrar respuestas y tranquilidad. Aunque no pueda darte soluciones concretas, la astrología siempre podrá proporcionarte elementos sobre los que reflexionar y con los que relacionarte.

Las casas abarcan numerosos aspectos de tu vida y los planetas y signos del zodiaco se basan en tu personalidad: ¡el cielo y las estrellas te proporcionarán un auténtico enfoque integral!

En las siguientes páginas aprenderás a configurar tu carta natal (gracias a internet y a la tecnología, es mucho más sencillo que en el pasado) y a comprender el significado de los segmentos y de los símbolos, verás cómo se calculan el ascendente y el signo lunar y profundizarás en el conocimiento de los planetas y las casas, en su influencia en tu vida y en cómo interpretar sus significados.

Qué hacer y qué no hacer

Qué hacer

- Recuerda que la astrología es solo una guía.

- Piensa bien antes de tomar decisiones importantes.

- Dirígete a un astrólogo experto si tu lectura te preocupa o si necesitas alguna aclaración.

Qué no hacer

- No te tomes las cosas demasiado al pie de la letra: lo que vas a obtener no son más que interpretaciones útiles para que puedas encontrar un significado respecto a tu vida.

- No tengas prisa: sigue tu ritmo y todo se irá viendo cada vez con mayor claridad.

- No te obsesiones con los resultados que obtengas: mañana será otro día y las cosas podrían cambiar.

UN NIÑO NACE
EL DÍA Y A LA HORA
EN QUE LOS RAYOS
CELESTES ESTÁN
EN ARMONÍA MATEMÁTICA
CON SU KARMA INDIVIDUAL.

SRI YUKTESWAR

Cómo configurar
tu carta natal

Para configurar tu carta natal, simplemente debes saber el día y el lugar de tu nacimiento. No obstante, es necesario conocer la hora exacta.

Si no la sabes, pregúntasela a tus familiares, consulta los registros médicos o busca en tu diario de nacimiento si tus padres hicieron uno, porque es imposible (¡imposible!) configurar una carta natal exacta sin esta información.

A veces también conocida como *carta astral*, tu carta natal es una fotografía de la posición de los planetas y las estrellas que había en el cielo en el momento exacto de tu llegada a la Tierra. Se trata de una disposición única e irrepetible y puede ser una guía muy valiosa para tu viaje hacia una mejor autocomprensión.

En el pasado, configurar una carta natal era un proceso laborioso, pero gracias al poder de internet ahora puedes obtener una en pocos minutos. Puedes visitar la página astro.com (en inglés) y escoger una de las cartas natales gratuitas, de las más simples a las más complejas. Incluso la carta natal más «simple» te parecerá indescifrable en un primer momento, pero después le pillarás el truco.

TimePassages (disponible en inglés) es una aplicación de pago muy fácil de usar con la que podrás configurar tu carta natal y, si deseas profundizar aún más, también podrás leer los horóscopos cotidianos basados en tu información personal y en los tránsitos astrológicos. También puedes utilizarla para comparar tu carta natal con la de un amigo o un compañero.

Ejemplo
de carta natal

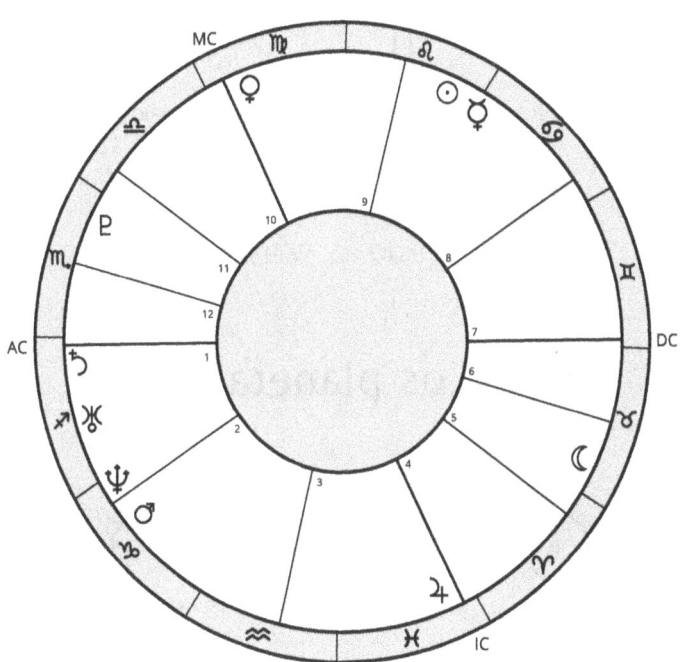

Los símbolos

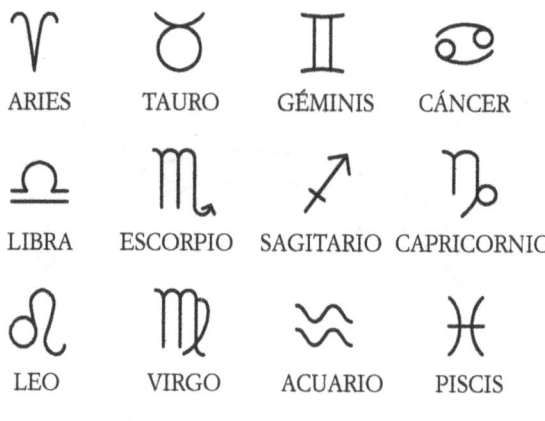

ARIES TAURO GÉMINIS CÁNCER

LIBRA ESCORPIO SAGITARIO CAPRICORNIO

LEO VIRGO ACUARIO PISCIS

Los planetas

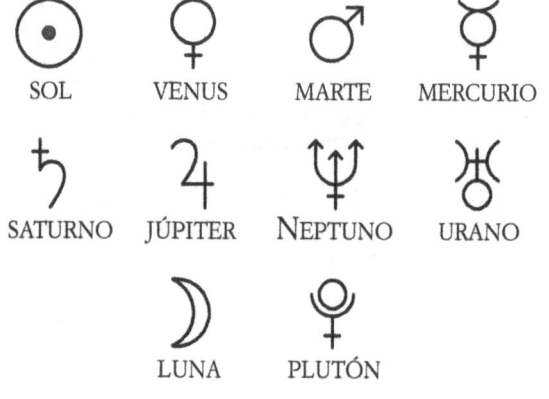

SOL VENUS MARTE MERCURIO

SATURNO JÚPITER NEPTUNO URANO

LUNA PLUTÓN

Cómo leer tu carta natal

Cuando se estudia una carta natal, se recomienda hacerlo con una mentalidad abierta. Sé flexible, imaginativo y estate dispuesto a afrontar los desafíos que te presenta. Explora el poder que te ofrece la lectura y mantente abierto incluso a los consejos más inesperados.

Ya hemos hablado sobre los signos del zodiaco, así que en las próximas páginas comenzaremos a estudiar los planetas y las casas, que son los elementos más importantes de las cartas natales. Alrededor de la rueda externa encontrarás los doce signos del zodiaco, mientras que los doce segmentos internos superpuestos a ellos son las casas.

La línea que atraviesa el centro de la rueda representa el horizonte, donde «AC» es el ascendente o el Sol levante y «DC» constituye el signo descendente. En la línea vertical, «MC» representa el medio cielo o zénit, mientras que «IC» es el *imum coeli* o fondo del cielo.

Y ahora vamos a descubrir qué significa todo esto. Sigue las instrucciones de las páginas siguientes para descubrir cómo.

Los planetas

Observa la posición de todos los planetas de tu carta natal. La forma más sencilla de explicar su significado es que los planetas te responden a la pregunta *qué*, mientras que el signo por el que transita cada uno te dice el cómo y el porqué y la casa en la que aparece el planeta representa el área de tu vida para la que es relevante. Al ser el quinto signo del zodiaco, Leo rige la quinta casa, por lo que esta casa en particular está asociada con la energía de Leo. Si observamos el ejemplo de la carta natal de la página 67, vemos que la Luna transita por Tauro y la quinta casa, que simboliza la creatividad y el placer. En este caso, la Luna puede representar un carácter juguetón y Tauro el arraigo, lo que tal vez indique un nuevo amor o un nuevo proyecto que te entusiasma.

Vínculos entre planetas

Los vínculos entre dos o más planetas en la carta natal pueden revelar más significados. El hemisferio superior de la carta representa tu vida pública, mientras que el hemisferio inferior se corresponde con tu vida privada. La mitad Oeste representa la libertad, mientras que el lado Este constituye el destino. La presencia de más planetas sobre un lado respecto al otro influirá en tu lectura.

Nodos lunares

Los nodos lunares están representados por los símbolos ☊ y ☋. Corresponden a los puntos de encuentro entre la Luna y la eclíptica o trayectoria del Sol. Cada carta natal cuenta con un nodo Norte y un nodo Sur, cada uno en un extremo. Dado que el nodo Sur representa tu pasado, quién fuiste, tu comportamiento instintivo y tu zona de confort, a veces no viene indicado en las cartas natales, sino que suele estar reservado a las lecturas astrológicas relativas a momentos sucesivos de la vida. En cambio, el nodo Norte representa lo opuesto al nodo Sur: la dirección que deberías emprender en la vida, tus aspiraciones y los desafíos que podrías tener que afrontar como incentivos para tu crecimiento personal. Los signos zodiacales en los que caen estos dos nodos indican cómo deberían aparecer estas características pasadas y futuras.

Por ejemplo, en la carta natal de la página 67, el nodo Norte cae en Aries, lo que sugiere que en tu futuro sabrás distinguirte de la multitud y tomar decisiones importantes confiando en tu instinto.

**LA BÓVEDA ESTRELLADA
DEL CIELO ES EN VERDAD
EL LIBRO ABIERTO DE LA
PROYECCIÓN CÓSMICA.**

CARL GUSTAV JUNG

Cómo descubrir
tu signo lunar

Tu signo lunar viene indicado por el signo astrológico a través del cual la Luna estuviera transitando en el momento de tu nacimiento. La Luna tarda dos días y medio en atravesar cada uno de los signos, por lo que le lleva alrededor de un mes completar un ciclo pasando por todos los signos del zodiaco.

El signo lunar es importante porque habla de tu naturaleza emotiva: tus miedos, tus deseos, tus obsesiones y todo lo que se encuentra en medio de todo eso. A menudo se lo llama «el alma de tu identidad», la parte de tu subconsciente que permanece oculta y que tal vez no conozcas tan bien. Descubrir tu signo lunar puede ayudarte a hacer uso de estos rasgos para comprenderte mejor.

Algunas personas definen el signo lunar como nuestro «niño interior», nuestro centro emocional más íntimo. Puede tener un gran impacto en tu estado de ánimo y en la manera en que tus emociones salen a la superficie.

Seguramente ya conozcas tu signo solar, pero para tener una visión más amplia sobre ti mismo resulta esencial saber también cuál es tu signo lunar. De no hacerlo, podrías sentirte incompleto.

Cómo calcular tu signo lunar

En el pasado, si querías saber cuál era tu signo lunar, tenías que buscar tu fecha y hora de nacimiento en una efeméride astrológica, es decir, un gran compendio de tablas que muestran, entre otros valores astronómicos, la posición de la Luna y otros cuerpos celestes según los días, los meses y los años. Sin embargo, puedes leer tu signo lunar en tu carta natal. Por ejemplo, en la carta natal de la página 67, el signo lunar cae en Tauro, lo que sugiere que tienes un carácter romántico y te atraen las personas creativas.

En cualquier caso, no es necesario configurar una carta natal para saber cuál es tu signo lunar. Puedes consultar fácilmente en una calculadora en línea. Tendrás que saber la hora exacta de tu nacimiento, dado que solo unos cuantos minutos de diferencia podrían situarte en otro signo distinto.

Entender tu signo lunar

Aries: Tienes un ánimo impaciente que afronta la vida a buen ritmo. Puede resultarte complicado hacer planes para el futuro cuando solo logras concentrarte en lo que está sucediendo en el presente.

Tauro: Tómate las cosas lentamente y con prudencia, conservando la calma y prestando atención a los detalles. Físicamente, sientes la necesidad de mantener a las personas cerca de ti.

Géminis: Das lo mejor de ti cuando se trata de aprender y asimilar cosas nuevas, tanto a través de la interacción con los demás como leyendo libros.

Cáncer: La seguridad es muy importante para ti y tienes un profundo instinto que te impulsa a proteger también a los que te rodean.

Leo: Te gusta sentirte elogiado y buscas validación donde vayas. Te desvives por cultivar tus talentos y sabes ayudar a los demás a descubrir los suyos.

Virgo: Sabes cuidar de ti mismo y de los demás de manera muy práctica. El bienestar es importante para ti y el autocuidado es una de tus prioridades.

Libra: Te encanta estar acompañado y te atraen las personas con las que puedes hacer amistad fácilmente. El bienestar es tu máxima prioridad, sobre todo en términos de calma y paz.

Escorpio: Muestras tus emociones como un libro abierto y puede resultarte difícil contenerlas. Intenta hacer ejercicio físico a un ritmo elevado si sientes la necesidad de deshacerte de ciertos sentimientos.

Sagitario: Te gusta tener tu espacio y ser libre de hacer las cosas a tu manera. Prefieres viajar solo y gestionar tus emociones sin la ayuda de los demás.

Capricornio: Te encanta la rutina: te gusta tener una estructura que te ayude a gestionar el día a día, además de sentir que lo tienes todo bajo control.

Acuario: No te gusta seguir a las masas, siempre prefieres explorar caminos alternativos. Para ti, el sentido de pertenencia a una comunidad es importante, porque te gusta rodearte de personas que piensan como tú.

Piscis: A veces tus propias emociones y las de los demás te confunden. Por eso, a menudo la solución ideal es que te tomes un poco de tiempo para ti.

¿Qué es el ascendente?

Tu ascendente o «Sol levante» es la constelación que estaba surgiendo en el horizonte oriental en el momento de tu nacimiento ¡y es tan importante como tu signo solar! Al igual que ocurre con los signos solares, existen doce signos ascendentes, desde Aries hasta Piscis. Mientras que el signo solar refleja la personalidad, tu ascendente tiene que ver con tus acciones.

Tomando como ejemplo la carta natal de la página 67, al tener Leo como signo solar, es probable que tengas mucha ambición y una actitud dramática, pero con el ascendente en Escorpio podrías mostrar un carácter irascible y celoso (puedes consultar el capítulo **Los signos**, en la página 21, para una visión panorámica de todos los signos del zodiaco y sus características).

Tu ascendente está asociado a la primera casa de tu carta natal (puedes consultar el capítulo **Entender las casas de tu carta natal**, en la página 82, para ver las descripciones de las casas), por lo que está relacionado con nuevos inicios y con tu identidad personal. Mientras que tu signo solar representa un cuadro más amplio, tu ascendente representa la superficie de tu personalidad, algo así como una primera impresión de ti.

Cómo calcular tu ascendente

Hoy en día, solo necesitas hacer una búsqueda en internet para saber cuál es tu ascendente, pero en el pasado los astrólogos necesitaban papel y bolígrafo para calcularlo.

Tu ascendente depende de la hora a la que hayas nacido y es esencial para una carta natal precisa. El ascendente cambia con frecuencia a lo largo del día, por lo que es necesario que sepas la hora exacta de tu nacimiento. ¿Nunca te ha ocurrido que algún apasionado de la astrología te preguntara con insistencia a qué hora habías nacido? ¡Pues ya sabes por qué era! Los doce signos del zodiaco van sucediéndose a lo largo de las veinticuatro horas del día; por eso cada uno dispone de una franja de dos horas en la que podrías situar tu hora de nacimiento. Si naciste de madrugada, tu signo solar también se corresponderá con el ascendente.

Dos Géminis nacidos con quince minutos de diferencia podrían tener ascendentes distintos, por lo que tanto sus cartas natales como sus personalidades podrían diferir notablemente. Puedes servirte de todos estos datos observando tu carta natal, pero si buscas una respuesta rápida puedes calcular tu ascendente aquí: astrosofa.com/ascendant (en inglés).

Cómo calcular tu descendente

El descendente es el signo que se estaba ocultando en el horizonte occidental en el momento de tu nacimiento. Se encuentra directamente en el lado opuesto de tu ascendente, en la séptima casa, que representa las relaciones (puedes consultar el capítulo **Entender las casas de tu carta natal**, en la página 82, para ver las descripciones de las casas).

El descendente revela tus deseos, con qué personas congenias y qué personas te atraen. Representa los obstáculos externos que constituyen desafíos diarios y deseos que no llegas a resolver. Tu signo descendente es importante para comprender tu forma de comportarte en las relaciones y refleja experiencias que pueden ayudarte a identificar los problemas que existen en una relación laboral.

Por ejemplo, en la carta natal de la página 67, el descendente es Géminis, lo que sugiere que eres alegre y optimista, que buscas relaciones animadas y que tienes el talento de encontrar siempre algo en común con todo el mundo. Para descubrir tu descendente, consulta tu carta natal o utiliza el mismo enlace que has utilizado para el ascendente, desplazándote hacia abajo para leer tu perfil astrológico completo: astrosofa.com/ascendant (en inglés).

Entender los planetas
de tu carta natal

Los planetas reflejan una parte de nuestra psique, así que tenemos mucho que aprender para poder comprender bien su significado. Los planetas indican cómo reaccionamos ante las personas y las situaciones que comprenden nuestros sueños y nuestros deseos. No te preocupes si en alguna de las casas de tu carta natal no hay ningún planeta, ¡es bastante común! Cada planeta gobierna un signo, que frecuenta con más regularidad. Sírvete de los datos de debajo para interpretar tu carta natal y vuelve a la página 21 para leer el significado específico que cada planeta tiene para tu signo.

El **Sol** representa nuestro ego, nuestra voluntad y determinación y atraviesa todos los signos del zodiaco en el lapso de un año.

La **Luna** refleja esa parte de nosotros que permanece oculta, nuestros recuerdos y nuestras emociones internas. Pasa por un nuevo signo cada dos días y medio.

Mercurio es el planeta de la comunicación, de las noticias y de los viajes. También puede estar relacionado con los rumores y los cotilleos.

Venus es el planeta del amor, del romanticismo, de la sensualidad y de la belleza. Nos ayuda a entender nuestro amor hacia los demás, pero también hacia las cosas.

Marte es el planeta de la energía, de la acción y del conflicto.

Saturno es el planeta del esfuerzo y de la estabilidad. También simboliza las limitaciones que nos vienen impuestas.

Júpiter representa el crecimiento espiritual y nos ayuda a comprender ciertos problemas emocionales que pudiéramos tener.

A **Neptuno** a menudo se lo conoce también como la «poesía del alma», porque representa nuestras emociones más profundas y la creatividad.

Urano simboliza la rebelión y la lucha por la justicia, tanto en nuestras vidas a nivel personal como a escala global.

Plutón está relacionado con el cambio y cómo este nos permite crecer y lograr nuestros sueños. Es el planeta que nos obliga a afrontar nuestros miedos y superarlos.

Entender las casas
de tu carta natal

Tu carta natal está dividida en doce secciones que corresponden a los signos solares del zodiaco y en otros doce segmentos superpuestos llamados *casas*. Cada casa representa un aspecto diferente de tu vida cotidiana, desde tu carrera profesional hasta los viajes, el amor o cualquier otro. Cada uno de los planetas de tu carta natal se encuentra en un signo solar o en una casa y sus posiciones son fundamentales para descifrar tu carta natal y comprender mejor cómo funcionas por dentro. Las casas son complejas y tienen muchísimos significados. En las siguientes páginas encontrarás algunas nociones introductorias, pero si quieres profundizar un poco más puedes consultar el capítulo **Recursos**, en la página 123.

PRIMERA CASA: personalidad

Esta es la casa del yo: representa a tu persona, el cuerpo con el que naciste y tu temperamento. Esta casa simboliza nacimiento y nuevos comienzos y revela nuestra visión de la vida y cómo nuestros primeros encuentros han influido en nosotros y han dado forma a nuestro mundo. Cuando los planetas se mueven en esta casa, nuestros objetivos se manifiestan y empiezan a formarse nuevas ideas.

Planetas en esta casa

Sol – Crecimiento personal
Luna – Sentimientos profundos
Mercurio – Relaciones
Venus – Belleza
Marte – Fuerza
Júpiter – Optimismo
Saturno – Visión a largo plazo
Urano – Individualidad
Neptuno – Atracción
Plutón – Control

Signos zodiacales en esta casa

Aries – Motivación
Tauro – Equilibrio
Géminis – Comunicación
Cáncer – Protección
Leo – Acción
Virgo – Orden
Libra – Elegancia
Escorpio – Autodefensa
Sagitario – Visión
Capricornio – Planificación
Acuario – Lucidez
Piscis – Imaginación

SEGUNDA CASA: bienes y dinero

Esta casa se corresponde con los bienes materiales y con la riqueza personal. Habla sobre tu comportamiento en términos de dinero. También ofrece una idea de ti en relación con las finanzas: tal vez sean una fuente de preocupación, o puede que se te dé bien ahorrar, o quizá tiendas a la frivolidad y gastes muy rápido. Además, en esta casa encontraremos todo lo que para ti tiene un valor, incluido cómo te valoras a ti mismo.

Planetas en esta casa

Sol – Independencia
Luna – Seguridad
Mercurio – Comunicación
Venus – Sensualidad
Marte – Ambición
Júpiter – Autoconfianza
Saturno – Templanza
Urano – Cambio
Neptuno – Caridad
Plutón – Supervivencia

Signos zodiacales en esta casa

Aries – Motivación personal
Tauro – Acumulación
Géminis – Ligereza
Cáncer – Posesividad
Leo – Orgullo
Virgo – Moderación
Libra – Equidad
Escorpio – Intimidad
Sagitario – Frivolidad
Capricornio – Planificación
Acuario – Compartición
Piscis – Generosidad

TERCERA CASA: comunicación

Esta casa te cuenta tu manera de comunicarte con las personas que te rodean. Representa la forma en que te expresas y construyes relaciones con los demás –ya sean amigos, familiares, compañeros, vecinos u otras personas de un círculo más amplio– y, cuando los planetas se mueven en esta casa, puedes recabar información sobre tu red interpersonal. La tercera casa también pone el foco en el aspecto lingüístico de tu comunicación y de tu manera de relacionarte con tus hermanos.

Planetas en esta casa

Sol – Lenguaje
Luna – Educación
Mercurio – Relaciones
Venus – Armonía
Marte – Competición
Júpiter – Optimismo
Saturno – Autoridad
Urano – Determinación
Neptuno – Intuición
Plutón – Aprendizaje

Signos zodiacales en esta casa

Aries – Rivalidad
Tauro – Aprendizaje
Géminis – Relaciones
Cáncer – Protección
Leo – Autoconfianza
Virgo – Organización
Libra – Equidad
Escorpio – Educación
Sagitario – Aventura
Capricornio – Planificación
Acuario – Racionalidad
Piscis – Imaginación

CUARTA CASA: hogar y familia

La cuarta casa hace referencia a tu hogar, ese lugar que consideras tu refugio o donde se encuentra tu familia. Son los lugares en los que sientes pertenencia y seguridad, tus oasis de paz. En este caso no solo se corresponde con tus familiares, sino a la familia que eliges: amigos, seres queridos y personas de tu comunidad. Esta casa habla de tu relación con la figura materna (o con las figuras maternas) de tu vida y de las situaciones en las que nos sentimos queridos y cuidados.

Planetas en esta casa

Sol – Identidad
Luna – Intimidad
Mercurio – Conversación
Venus – Paz
Marte – Conflicto
Júpiter – Viaje
Saturno – Estabilidad
Urano – Independencia
Neptuno – Lugar sagrado
Plutón – Renovación

Signos zodiacales en esta casa

Aries – Rivalidad
Tauro – Seguridad
Géminis – Lealtad
Cáncer – Protección
Leo – Orgullo
Virgo – Deber
Libra – Diplomacia
Escorpio – Intimidad
Sagitario – Hospitalidad
Capricornio – Organización
Acuario – Comunidad
Piscis – Música

QUINTA CASA: creatividad y placer

Esta casa está relacionada con el tiempo libre, con las historias de amor y con esos pequeños portadores de felicidad y descendencia en el mundo: los niños. Tiene que ver con todo lo que te da placer y te regala felicidad, ya sea un proyecto creativo, la sensación de volver a confiar en ti mismo tras un logro profesional o la emoción de conocer a alguien. También es la casa del riesgo, así que, si te gusta apostar o eres un apasionado de los deportes extremos, toma nota.

Planetas en esta casa

Sol – Atención
Luna – Alegría
Mercurio – Impulsividad
Venus – Comunicación
Marte – Competición
Júpiter – Fertilidad
Saturno – Estrategia
Urano – Originalidad
Neptuno – Arte
Plutón – Transformación

Signos zodiacales en esta casa

Aries – Acción
Tauro – Arraigo
Géminis – Vínculo romántico
Cáncer – Cuidado de los demás
Leo – Felicidad
Virgo – Humildad
Libra – Perfección
Escorpio – Lealtad
Sagitario – Viajes
Capricornio – Prudencia
Acuario – Valor
Piscis – Romanticismo

SEXTA CASA: salud y bienestar

Además de con la salud y con el bienestar, esta casa también tiene que ver con tus rutinas. Puedes consultar esta casa si tienes la necesidad de simplificar tu agenda diaria. Mientras que la primera casa hacía referencia al cuerpo con el que naciste, esta se corresponde con el cuerpo que has ido desarrollando a lo largo de tu vida. El autocuidado, el equilibrio entre el trabajo y la vida privada y la salud física y mental están en esta casa.

Planetas en esta casa

Sol – Objetivo
Luna – Hospitalidad
Mercurio – Red de contactos
Venus – Unidad
Marte – Movimiento
Júpiter – Satisfacción
Saturno – Construcción
Urano – Cambio
Neptuno – Música
Plutón – Alimentación

Signos zodiacales en esta casa

Aries – Productividad
Tauro – Calma
Géminis – Destreza
Cáncer – Cuidado de los demás
Leo – Autoridad
Virgo – Detalle
Libra – Diplomacia
Escorpio – Actividad
Sagitario – Libertad
Capricornio – Atención
Acuario – Equidad
Piscis – Estructura

SÉPTIMA CASA: relaciones

Justo en el lado opuesto de la primera, la séptima casa refleja las relaciones que pueden cambiarnos la vida, no solo en lo romántico, sino todas las relaciones significativas que vas creando. Esta casa se centra en los aspectos negativos y positivos de esas relaciones y te brinda consejos para cuando puedas tener desacuerdos con alguno de tus seres queridos.

Planetas en esta casa

Sol – Individualidad
Luna – Sensibilidad
Mercurio – Comprensión
Venus – Valor
Marte – Resolución
Júpiter – Motivación
Saturno – Esfuerzo
Urano – Independencia
Neptuno – Anhelo
Plutón – Transformación

Signos zodiacales en esta casa

Aries – Equidad
Tauro – Estabilidad
Géminis – Variedad
Cáncer – Sentimiento
Leo – Deseo
Virgo – Arraigo
Libra – Compromiso
Escorpio – Intensidad
Sagitario – Compañía
Capricornio – Atención
Acuario – Habilidades de apoyo
Piscis – Altruismo

OCTAVA CASA: sexo, muerte y transformación

En esta casa experimentamos los lados más oscuros de la vida –crisis emocionales, pérdidas y momentos bajos–, así como los rituales, las pruebas y las dificultades de nuestra existencia. Esta casa refleja también las relaciones románticas más intensas y nuestra capacidad para adaptarnos a la naturaleza cambiante de nuestras vidas. Nos enseña que tenemos que abrazar el compromiso, aceptar el cambio y aprender a sacar poder y fuerza interior de las pérdidas que experimentamos.

Planetas en esta casa

Sol – Exploración
Luna – Intuición
Mercurio – Confidencialidad
Venus – Diplomacia
Marte – Capacidad decisoria
Júpiter – Positividad
Saturno – Límites
Urano – Lucidez
Neptuno – Relaciones
Plutón – Poder

Signos zodiacales en esta casa

Aries – Impulsividad
Tauro – Inversión
Géminis – Exploración
Cáncer – Intimidad
Leo – Éxito económico
Virgo – Fatalidad
Libra – Equidad
Escorpio – Lujuria
Sagitario – Riesgo
Capricornio – Independencia
Acuario – Racionalidad
Piscis – Entusiasmo

NOVENA CASA: filosofía y aventura

Esta casa mira hacia lo que todavía desconocemos, hacia lo que se encuentra más allá del horizonte. En ella también tienen cabida los viajes y la educación superior: las personas con planetas en la novena casa de su carta natal a menudo son extremadamente curiosas y aventureras cuando se trata de viajes. Esta casa habla de territorios inexplorados y curiosidad, de la búsqueda de una mejor autocomprensión, pero también de fe y de política.

Planetas en esta casa

Sol – Autoconfianza
Luna – Ganas de viajar
Mercurio – Lenguaje
Venus – Creatividad
Marte – Temeridad
Júpiter – Aprendizaje
Saturno – Prudencia
Urano – Luminosidad
Neptuno – Espiritualidad
Plutón – Educación

Signos zodiacales en esta casa

Aries – Independencia
Tauro – Paciencia
Géminis – Curiosidad
Cáncer – Relaciones
Leo – Lujo
Virgo – Disposición
Libra – Equidad
Escorpio – Educación
Sagitario – Falta de límites
Capricornio – Ambición
Acuario – Comunidad
Piscis – Escape

DÉCIMA CASA: carrera

Esta casa no solo tiene que ver con tus aspiraciones profesionales, sino también con tu estatus social y con la forma en que los demás te aprecian. Si tienes planetas en la décima casa de tu carta natal, sin duda eres una persona ambiciosa en el trabajo y sientes un enorme placer al socializar. Si sientes que te encuentras en una fase de estancamiento, esta casa puede servirte de guía. Cuando los planetas orbitan en esta casa, significa que se aproximan cambios laborales en el horizonte.

Planetas en esta casa

Sol – Identidad
Luna – Amabilidad
Mercurio – Red de contactos
Venus – Diplomacia
Marte – Competición
Júpiter – Oportunidades
Saturno – Responsabilidades
Urano – Independencia
Neptuno – Creatividad
Plutón – Influencia

Signos zodiacales en esta casa

Aries – Espíritu emprendedor
Tauro – Lealtad
Géminis – Variedad
Cáncer – Amor por ver crecer a los demás
Leo – Habilidad para autopromocionarse
Virgo – Creatividad
Libra – Diplomacia
Escorpio – Determinación
Sagitario – Realización
Capricornio – Organización
Acuario – Trabajo en equipo
Piscis – Compasión

UNDÉCIMA CASA: amistad

En esta casa se sitúa nuestro círculo social más cercano y es donde encontramos nuestro lugar en las redes interpersonales de nuestras vidas. Aquí vemos representados la amistad, el trabajo en equipo y los objetivos comunes, así como nuestra red de apoyo, los conocidos y la manera en que pasamos nuestro tiempo con las personas que nos rodean. En esta casa aparecen nuestros valores sociales y políticos y nuestra capacidad para trabajar con los demás.

Planetas en esta casa

Sol – Compartición
Luna – Extroversión
Mercurio – Red de contactos
Venus – Atracción
Marte – Competición
Júpiter – Mente abierta
Saturno – Esfuerzo
Urano – Libertad
Neptuno – Sacrificio personal
Plutón – Emancipación

Signos zodiacales en esta casa

Aries – Energía
Tauro – Constancia
Géminis – Diversidad
Cáncer – Seguridad
Leo – Habilidades de liderazgo
Virgo – Amabilidad
Libra – Armonía
Escorpio – Fuerza
Sagitario – Iniciativa
Capricornio – Control
Acuario – Equidad
Piscis – Comprensión

DUOCÉDIMA CASA: sacrificio

A menudo definida como la casa del inconsciente, se la conoce también como «la oscuridad antes del amanecer»: oculta justo bajo el horizonte, completa el círculo de casas antes de que el ciclo vuelva a comenzar. El «inconsciente» nos habla de todas las cosas que carecen de forma física: los sueños, las emociones, los secretos… En esta casa, los planetas adquieren un carácter sobrenatural y se reconocen tus buenas acciones.

Planetas en esta casa

Sol – Objetivo
Luna – Compasión
Mercurio – Imaginación
Venus – Reflexión personal
Marte – Valentía
Júpiter – Generosidad
Saturno – Dedicación
Urano – Libertad
Neptuno – Caridad
Plutón – Aceptación

Signos zodiacales en esta casa

Aries – Iniciativa
Tauro – Relajación
Géminis – Ambición
Cáncer – Amabilidad
Leo – Creatividad
Virgo – Atención a los demás
Libra – Equilibrio
Escorpio – Intuición
Sagitario – Escape
Capricornio – Estructura
Acuario – Recarga
Piscis – Límites

Cuarta parte

Cómo cuidar de ti mismo con ayuda de la astrología

Todos necesitamos cuidarnos y la astrología puede orientarte hacia las prácticas más adecuadas para tu signo solar y tus características. Al ser Leo, tu mente estará siempre llena de pensamientos, ideas y estrategias. A veces, esto significa que al final del día te quedas despierto durante mucho tiempo, con el cerebro lleno de ruido y parloteo. Quizás te guste tu vida frenética, pero de vez en cuando es importante reducir el ritmo y mirar a tu alrededor para asegurarte de no perderte ningún detalle importante. Muchos nacidos bajo el signo de Leo encuentran que la mejor manera de cuidarse es practicar actividades relajantes y que promueven la atención plena, como el yoga y la meditación, para mantener la mente y el cuerpo felices, mientras que otros logran aliviar las tensiones llevando un diario. ¿Cuál es la mejor manera de reducir el estrés? En las próximas páginas encontrarás algunas ideas que te indicarán los métodos más adecuados para ti.

La astrología como guía de las mejores prácticas para ti

Al adaptar la manera en que cuidas de ti mismo a tu signo del zodiaco, puedes aumentar de verdad el poder regenerativo de cada práctica.

Merece la pena investigar un poco para sacarle el mayor provecho a tu tiempo libre y al descanso. En yoga existen diversas posturas que ofrecen mayores beneficios a un signo que a otro según tu personalidad y tu forma de comportarte. También puedes sacarles partido a los cristales que corresponden a tu signo solar, que harán que tu energía fluya con mayor libertad.

En las siguientes páginas, encontrarás los mejores rituales para cuidar de ti mismo según tu signo zodiacal: tarots y cristales, cuerpos celestes y chakras, técnicas de relajación y el tipo de actividad física más adecuado para ti.

Como Leo, estás concentrado en tantas cosas a la vez que rara vez das descanso a tus pensamientos. No solo te preocupas por tu vida, sino que también piensas mucho en los demás. Esto puede ser agotador.

Tómate un tiempo para ti mismo, recuerda que tú también necesitas que te cuiden de vez en cuando y dedícate tiempo para relajarte y mejorar la calidad de tu sueño. Puedes intentar anotar tus pensamientos y deseos en un diario o incluir cinco o diez minutos de meditación guiada en tu rutina diaria para mantener alejados los malos pensamientos.

Qué hacer y qué no hacer

Qué hacer

- Sigue tu ritmo: cuidar de ti mismo no es una carrera.

- Haz cosas que te hagan sentir bien: no todas las sugerencias te sentarán igual.

- Deja que estos consejos te ayuden a cambiar malos hábitos.

Qué no hacer

- No te exijas más de la cuenta: si tienes una lesión leve y las indicaciones sugieren que hagas un ejercicio intenso, sáltatelo hasta que te sientas mejor.

- No renuncies a cosas que te gustan solo porque no vienen mencionadas entre las específicas para tu signo.

- No corras riesgos si algo no te parece adecuado para ti: debes sentirte seguro y cómodo en todo momento.

**NO SOMOS MÁS QUE
LAS PELOTAS DE TENIS
DE LAS ESTRELLAS, LANZADAS
Y GOLPEADAS A SU GUSTO.**

JOHN WEBSTER

Rituales relajantes y antiestrés para Leo

No hay nada que te guste más que salir con amigos e ir a sitios ruidosos y emocionantes. Pero, para conseguir el descanso que realmente necesitas, te vendría bien practicar una actividad relajante antes de irte a dormir que te ayude a destensar el cuerpo y la mente y te proporcione un mejor sueño.

Después de un día intenso, puede resultar difícil apagar una mente tan activa, por lo que podrías probar a irte a la cama temprano para asegurarte de que dormirás suficientes horas de sueño y establecer una rutina vespertina que te ayude a relajarte. Perfuma tu almohada y toda la habitación con aroma de lavanda, apaga los dispositivos electrónicos al menos una hora antes de dormir y métete en la cama con un buen libro o una revista.

Si te cuesta quedarte dormido, puedes utilizar Calm, una aplicación que puede ayudarte a reducir el estrés y aliviar los síntomas de ansiedad con ayuda de meditaciones guiadas, historias para dormir y sonidos relajantes. Seguramente no llegues a escuchar el final de las historias, porque te quedarás frito. Puedes probar la versión gratuita de la aplicación para ver si te convence antes de suscribirte.

También puedes escribir un diario como parte de tu rutina vespertina. Este método te ayudará a mantener a raya los pensamientos negativos al fijarlos en la página antes de irte a dormir. Prueba a anotar todas las tardes tres cosas por las que estés agradecido: pueden ser pequeños detalles que te hayan ocurrido durante el día o cosas más significativas. Descubrirás que, cuanto más lo hagas, más positivo te volverás en tu día a día.

Posturas de yoga
para Leo

Los beneficios del yoga son muy variados: mejora la flexibilidad del cuerpo, aumenta la fuerza y el tono muscular, es una inyección de energía, estimula la circulación, favorece un sueño profundo y otorga una sensación zen de relajación.

Las posturas de yoga que encontrarás a continuación son perfectas para ti y, con la carga energética que te distingue como Leo, te aconsejo que profundices en los estilos Bikram y Vinyasa.

Asegúrate de calentar siempre antes de realizar actividad física y no te exijas demasiado. Si es la primera vez que practicas yoga, considera apuntarte a una clase con un profesor experto.

Postura del león

Esta postura relajante fortalece los pulmones y la garganta y contribuye a estimular el sistema inmunitario. Siéntate con las piernas cruzadas sobre la esterilla y apoya las manos en las rodillas con las palmas hacia arriba. Inspira y relaja la espalda para empezar a estirar la columna vertebral. Imagina que tienes un hilo invisible en la parte superior del cráneo que tira de ti hacia arriba. Espira y apoya las palmas de las manos en la esterilla delante de ti. Arquea la espalda hacia abajo, mira hacia arriba, saca la lengua ¡y ruge como un león!

Postura del medio camello

Esta postura contribuye a abrir el pecho y relaja al mismo tiempo los músculos de los brazos y los hombros. Ponte de rodillas sobre la esterilla, con estas de la misma anchura que las caderas. Coloca las manos sobre el hueso sacro, con los dedos apuntando hacia abajo. Inspira y presiona las rodillas contra la esterilla mientras estiras la columna vertebral como si un hilo invisible tirara de ti desde la parte superior del cráneo. Exhala y empuja las caderas hacia delante, aprieta los glúteos y los muslos y dirige poco a poco la mano derecha hacia el talón derecho. Si no llegas al talón, mantén la mano en el hueso sacro. Inspira y levanta la mano izquierda hacia arriba y luego, si quieres intensificar la curvatura de la espalda, lleva el brazo por encima de la cabeza. Mantén esa postura durante un par de ciclos respiratorios y relaja el cuerpo. Repite el estiramiento con el otro lado.

Postura maravillosa o salvaje
(versión simplificada)

Esta postura fortalece la espalda. Ponte de rodillas en el centro de la esterilla, de forma que las caderas te queden por encima de las rodillas. Extiende la pierna derecha lateralmente con el pie apoyado en el suelo. Apoya la parte exterior del pie contra la esterilla. Alza y extiende los brazos a ambos lados; luego dobla el torso de modo que tu mano derecha quede en el muslo o justo debajo de la rodilla de la pierna estirada. A continuación, flexiona el torso hacia la izquierda y apoya la mano en el suelo, justo por detrás de ti. Mantén la pierna estirada y permanece en esa postura durante unos cuantos ciclos respiratorios. Cambia a la postura del niño para descansar antes de repetir el estiramiento con el otro lado.

Postura de la mariposa

Esta postura sirve para abrir las caderas y el pecho al mismo tiempo que estira la columna vertebral. Siéntate sobre la esterilla y junta las plantas de los pies, dejando caer las rodillas a ambos lados. Entrelaza los dedos de las manos con los dedos de los pies. Inspira profundamente y empuja las caderas hacia abajo mientras estiras la cabeza hacia arriba para estirar la columna vertebral. Relaja los hombros y déjalos caer hacia atrás mientras sacas el pecho hacia fuera. Lleva las rodillas lo más cerca que puedas al suelo para abrir las caderas. Mantén la espalda recta, con la columna vertebral estirada y el pecho abierto. Espira y dobla delicadamente el cuerpo hacia delante, a la altura de la pelvis. Cierra los ojos y mantente en esa postura durante varios ciclos respiratorios. Después, descansa unos segundos y repite la postura.

**NO EXISTE MEJOR BARCA
QUE EL HORÓSCOPO
PARA AYUDAR A LOS HOMBRES
A ATRAVESAR EL MAR DE LA VIDA.**

VARĀHAMIHIRA

Actividades físicas
para Leo

Como buen Leo, adoras estar siempre rodeado de gente, por lo que los deportes de equipo son perfectos para ti. Es más que probable que seas el organizador o el capitán del equipo: siempre estás dispuesto a guiar al grupo hacia la victoria, aunque seguramente también los convenzas para que vayan a la fiesta pospartido. Tanto el ejercicio físico como estar con tus amigos te hace sentir bien, así que sacas tiempo de tu agenda para dedicarlo al deporte y a socializar con tus compañeros de equipo.

Correr y practicar yoga son dos actividades que puedes realizar fácilmente durante el tiempo de descanso de la comida en días especialmente ajetreados en los que necesites desconectar un poco. Puedes ponerte una alarma si ves que el trabajo te atrapa hasta el punto de hacer que se te olvide la hora de comer y te hace estar tenso cuando se va acercando el momento de volver a casa.

Las artes marciales que fortalecen toda la musculatura del cuerpo, como el *taekwondo*, son excelentes para aumentar la fuerza, la resistencia y la paciencia. Este arte marcial tiene sus raíces en la defensa personal y se basa en técnicas de precisión de puñetazos y patadas y en el entrenamiento de la fuerza mental, lo que requiere la participación de cuerpo y mente a partes iguales. Del mismo modo, el taichí puede ser una buena opción para sacar a relucir el lado más elegante y creativo de Leo.

Los cristales

Los cristales presentes en la naturaleza poseen propiedades piezoeléctricas y piroeléctricas que los hacen vibrar. Esto, unido al hecho de que también son conductores de calor y electricidad, ha llevado a la creencia generalizada de que pueden transformar tus niveles de energía, ayudarte a encontrar el amor y tener efectos curativos sobre ti.

Los cristales se han empleado para la curación de diversos males desde hace miles de años. Se cree que sus vibraciones ayudan a restablecer los mecanismos naturales de nuestro cuerpo, además de favorecer una sensación de equilibrio, calma y bienestar. A este tipo de práctica se la llama *medicina vibracional.*

A menudo las personas eligen cristales por sus colores y sus propiedades, pero también es clave que piensen en su signo zodiacal y en su fecha de nacimiento. De hecho, obtendrás mayores beneficios si escoges cristales que estén alineados con tu signo solar.

Ten en cuenta también el cuerpo celeste (véase la **Ficha de Leo** en la página 39) y los cristales asociados al chakra correspondiente a tu signo solar (véase el capítulo **Los chakras** en la página 119) para obtener los máximos beneficios.

Chakra	Lugar	Color	Asociaciones emocionales y físicas
Raíz	Base de la columna vertebral	Rojo	Arraigo, independencia
Sacro	Debajo del ombligo	Naranja	Aceptación, bienestar, placer
Plexo solar	Base de la caja torácica	Amarillo	Confianza en uno mismo, autocontrol, autoestima
Corazón	Centro del pecho	Verde	Amor, alegría, paz interior
Garganta	Base de la garganta	Azul	Comunicación, expresión personal
Tercer ojo	Entre las cejas, por encima	Índigo	Intuición, capacidad de decisión
Corona	Parte superior de la cabeza	Violeta	Sensación de conexión, espiritualidad

Los cristales según tu signo del zodiaco

Aries – jaspe rojo, cornalina, cuarzo citrino

Tauro – cuarzo ahumado, amazonita, selenita

Géminis – shungita, amazonita, ojo de tigre

Cáncer – selenita, labradorita, jaspe rojo

Leo – ojo de tigre, cuarzo rosa, granate

Virgo – amazonita, amatista, fluorita

Libra – ojo de tigre, amatista, piedra de heliotropo

Escorpio – turmalina rosa, amatista, azurita

Sagitario – lepidolita, cuarzo ahumado, shungita

Capricornio – cuarzo rosa, granate, cuarzo ahumado

Acuario – lepidolita, amatista, cuarzo turmalinado

Piscis – cuarzo, cornalina, crisocola

Limpieza de cristales

Es importante que prepares tus cristales antes de emplearlos para eliminar energías negativas o pasadas. Enjuágalos en agua corriente durante un minuto y deja que se sequen al aire libre. Después métetelos en agua salada y déjalos secando otra vez. Por último, expón los cristales a la luz de la luna o del sol durante doce horas. Entonces estarán listos para ser usados.

Cómo cuidarte con ayuda de los cristales

Puedes probar a usar los cristales para crear un espacio relajante en tu casa o donde quieras alimentar tu creatividad. Sigue estos pasos para mejorar la calidad de la energía de tu espacio seguro:

- Escoge un espacio tranquilo y acogedor de tu casa, como una zona en la sala de estar o en tu habitación. Tiene que ser un lugar en el que puedas tomarte algún momento libre de ruidos y de otras personas, que te resulte cómodo y que te permita relajarte.

- Deja que el aire fluya en ese espacio para liberarlo de las «energías muertas». Después límpialo físicamente: elimina el polvo y las telarañas que veas, ordénalo y deshazte de los objetos más superfluos para que solo queden unas cuantas cosas que consideres elementales.

- Añade algunos cristales para llenar tu espacio de calma: el cuarzo y la amatista son ideales para este objetivo, ya que estimulan la regeneración, la purificación y la armonía.

- Coloca los cristales en zonas claves donde puedan recibir luz natural y asegúrate de dejar algo de espacio entre ellos para evitar que se toquen.

Los tarots

Los tarots se emplean para la adivinación y cualquiera es capaz de leerlos. De hecho, no es necesario ser o consultar a un médium para probar con la baraja. Puedes leer el tarot tú mismo o turnarte con un amigo. Los tarots pueden servirte de guía y revelarte nuevos puntos de vista si formulas una pregunta e interpretas las cartas que extraes casualmente de la baraja. Cada una de las setenta y ocho cartas tiene un significado único para cualquier pregunta.

Las cartas están divididas en arcanos mayores y menores. Los veintidós arcanos mayores incluyen figuras que puedes haber oído alguna vez, como el Sol, la Luna, el Loco, la Muerte y los Amantes. Representan influencias kármicas y temas vinculados con tu vida. Cuando aparece uno de ellos en tu lectura, debes tomarte el tiempo necesario para reflexionar sobre las lecciones de vida que puede ofrecerte.

Cada signo del zodiaco está gobernado por uno de los arcanos mayores. En el caso de Leo, la carta es la de la Fuerza, que en la mayoría de las barajas representa precisamente a un león y simboliza la fuerza del corazón, de la mente y del espíritu, además de la fuerza física.

Los arcanos menores constituyen cincuenta y seis cartas divididas en cuatro palos de catorce cartas cada uno: diez de ellas están numeradas y después las siguen una sota, un caballo o caballero, una reina y un rey. Estas cartas representan situaciones y pueden ayudarte a tomar decisiones y a reflexionar sobre tu condición psíquica.

Los tarots en sí mismos pueden interpretarse de formas distintas. Algunas personas creen que las respuestas provienen de espíritus o ángeles, mientras que otras prefieren interpretarlas basándose en la sincronicidad, según la cual las cartas extraídas de la baraja crean un significado en la correlación de unas con otras.

Si te interesa este tema, te aconsejo que profundices en el significado específico de cada carta, aunque en las siguientes páginas encontrarás algunos consejos básicos. Con solo varias indicaciones, podrás descubrir el simbolismo de los tarots y emprender un viaje de autodescubrimiento personal.

Escoge una baraja

Se dice que, si alguien se compra a sí mismo su primera baraja de tarot, le traerá mala suerte, ya que debería ser un regalo. Sin embargo, hoy en día esta superstición está bastante anticuada, así que, si la idea no te molesta, ¡ve a comprarte una baraja! Es importante que tengas un buen vínculo con la baraja de cartas que vas a usar, así que elige una que tenga ilustraciones que te agraden. Hay cientos de barajas diferentes a tu disposición: investiga un poco y escoge la que más te guste. Si, en cambio, te sientes abrumado por la cantidad de barajas que existen, siempre puedes escoger la más famosa, la clásica de Rider-Waite.

Energiza y purifica las cartas

Una baraja de cartas nueva necesita que la llenen de energía, así que, después de sacarlas de su caja por primera vez, tómate un momento para mezclarlas bien. La mejor manera de hacerlo es extenderlas sobre una mesa y moverlas con las manos hasta que te parezca que se han mezclado bien. No hace falta que seas sumamente delicado; no pasa nada si algunas cartas terminan del revés: darán lugar a lecturas invertidas. Así que mézclalas, vuelve a mezclarlas y mézclalas una vez más.

Cuando llevas un tiempo sin usar tu baraja, es buena idea limpiarla para liberarla de posibles energías negativas. Hay distintas maneras de hacerlo: baraja las cartas y golpea el mazo tres veces con los nudillos. Por la noche, coloca las cartas sobre el alféizar de una ventana para que queden bañadas por la luz de la luna, quema un poco de salvia seca y pasa la baraja por el humo unas cuantas veces.

Crea la atmósfera

Al principio, te recomiendo que elijas un espacio que te dé paz y tranquilidad y donde puedas dedicarle a la baraja toda tu atención. Escoge un lugar tranquilo y ordenado donde sientas que hay energía positiva. También puedes añadir algunos objetos que te parezcan adecuados para ayudarte a crear la atmósfera perfecta.

Define la intención

Durante una lectura, es fundamental que la energía a tu alrededor sea positiva. Un modo sencillo para asegurarte es que ilumines el lugar con una luz blanca y brillante, lo que hará que se disipen posibles energías negativas que pueda haber y las mantendrá alejadas durante toda la lectura.

Lectura y preguntas

Si eres principiante, te recomiendo que empieces con tres cartas, que van a representar el pasado, el presente y el futuro. Imagina la pregunta que vas a hacer mientras barajas el mazo. Las cartas que salen volando del mazo mientras lo haces son significativas. Delante de ti, vas a disponer de tres cartas bocarriba: pasado, presente y futuro.

Cuanto más precisa sea la pregunta, más precisa será la respuesta. Intenta evitar hacer tanto preguntas vagas como las que podrían responderse con un simple «sí» o «no». Lo ideal es que busques cuestiones que puedan abrir una conversación.

Al haber nacido bajo el signo de Leo, es posible que quieras hacer preguntas sobre tu vida amorosa o tus éxitos futuros. ¿A quién esperas conocer? ¿Cuál es tu objetivo en este momento? Pregunta a las cartas qué rumbo tomarán los acontecimientos.

**NO DEBEMOS AVERGONZARNOS
DE COQUETEAR CON EL ZODIACO.
EL ZODIACO ES VALIOSO.**

DAVID HERBERT

Los chakras

Si has practicado yoga alguna vez, seguramente sabrás lo que son los chakras e incluso tengas ganas de saber más sobre ellos. Los chakras vienen mencionados en los textos sagrados del hinduismo, pero son reconocidos y utilizados por muchas personas fuera de la religión y se consideran puntos de fuerza vital que hacen fluir su energía hacia partes concretas de nuestro cuerpo. Cuando el estrés y las tensiones de la vida crean bloqueos en alguno de estos puntos, nuestro cuerpo podría resentirse, por lo que es útil tratar de eliminar tales bloqueos. La mejor manera de hacerlo es estimular el flujo de energía a través de la meditación, posturas de yoga específicas para cada chakra o ejercicios de respiración.

Existen siete chakras principales: raíz, sacro, plexo solar, corazón, garganta, tercer ojo y corona. Estos puntos son diferentes de las partes del cuerpo asociadas a los signos del zodiaco y corresponden, en cambio, a las características personales de cada uno.

Los signos del zodiaco y los chakras

Aries: Chakra del plexo solar, situado en el abdomen, fuente de autoestima y poder

Tauro: Chakra del corazón, cuya energía confiere habilidades relacionadas con la empatía

Géminis: Chakra de la garganta, asociado a la comunicación y a la creatividad

Cáncer: Chakra del tercer ojo, situado sobre la frente y considerado el centro del alma

Leo: Chakra de la corona, que representa el pensamiento, la comprensión y la capacidad de encontrar soluciones con facilidad

Virgo: Chakra de la garganta, que refleja la comunicación clara y el saber hablar en público

Libra: Chakra del corazón, fuente de sanación emocional y creación de vínculos con los demás

Escorpio: Chakra del plexo solar, que ayuda a combatir los miedos y a mantener las emociones bajo control

Sagitario: Chakra sacro, que brinda optimismo y pasión

Capricornio: Chakra de la raíz, situado en la base de la columna vertebral, que favorece una buena salud mental y física

Acuario: Chakra de la raíz, que ayuda a mantener los pies en la tierra y a adoptar una actitud de apoyo

Piscis: Chakra sacro, que fomenta la sensualidad, el entusiasmo y la creatividad

¡Hasta la próxima!

¿Qué piensas ahora sobre el zodiaco? ¡Seguro que has aprendido muchísimo! Apuesto a que habrás vivido más de un momento revelador mientras estabas leyendo este libro, en el que situaciones y características que te son familiares salían de las páginas para encontrarse contigo. Muchos sentimos la necesidad de comprendernos más profundamente y la astrología puede darnos un poco de tranquilidad entre las complejidades de la vida moderna.

Espero que este libro te haya dado la perspectiva y el conocimiento que necesitabas para emprender la siguiente fase de tu viaje. Ahora es momento de que saques tus propias conclusiones sobre quién eres realmente y de dónde vienen tus comportamientos, y en esto podrán guiarte las estrellas. El misterio del zodiaco es tan amplio como complejo, pero es una maraña que se puede desenredar y, si estás dispuesto a afrontar sus retos, podrás sacar provecho de todo lo que te ofrece.

**LA ASTROLOGÍA ES
UNA PARTIDA DE AJEDREZ
CON UN COMPAÑERO INVISIBLE.**

NOEL TYL

Recursos

Libros

Goodman, Linda (1999). *Sun Signs*. Pan Macmillan UK.

Parker, Julia, y Parker, Derek (2020). *Parkers' Astrology*. Dorling Kindersley.

Taylor, Carole (2018). *Using the Wisdom of the Stars in Your Everyday Life*. Dorling Kindersley.

Páginas web y aplicaciones

Astro.com – Un amplio recurso gratuito tanto para principiantes como para expertos en astrología. Puedes configurar tu carta natal en este sitio como punto de partida.

Linda-goodman.com – Un foro de gran utilidad, dedicado a la difunta astróloga, donde las personas comparten sus experiencias astrológicas.

TimePassages – Una aplicación de pago, pero muy fácil de usar, donde puedes configurar tu carta natal, leer los horóscopos diarios y comparar tu carta con la de algún amigo o compañero.

Co-Star – Una aplicación de astrología muy famosa (la versión básica es gratuita) con un diseño elegante. Es una herramienta útil que cuenta con lecturas en tiempo real basadas en datos de la NASA y una gran cantidad de información y consejos.

Índice